KB099490

천지인

천지인

천부경 天符經
삼일신고 三一神誥
참전계경 參佺戒經

편집부 엮음

한문화

머리말

우리 한민족의 역사는 6천여 년에 걸쳐 수많은 종교와 사상을 포용하면서 찬란한 문화를 창출해 왔다. 그러나 수많은 외침과 압박, 착취를 견디기 위해 문화를 팽개쳐야 하기도 하고, 또한 일제 36년의 식민지 시대에는 역사 왜곡이라는 엄청난 수난을 겪어야 했다.

이 결과, 민족정기民族精氣는 사라져 버리고 민족의 혼魂은 집 없는 거지가 되어 천지를 헤맸고, 민족의 역사를 헤아릴 수 있는 단기檀紀는 시대의 흐름에 따라 그 연호를 달리해야만 하는 비극적 사태에 이르고 말았다. 중국의 지배 하에서는 중국의 연호를, 일제 치하에서는 소화를, 현재는 서기를 쓰고 있으니, 이는 우리 스스로가 어버이 없는 나라임을 자초하고, 스스로 뿌리 없는 나라임을 만천하에 드러내는 자기비하의 현실이 아니고 무엇이겠는가?

이렇듯 민족정신은 시대적인 상황에 따라 삶의 수단과 맞바꾸는 삶의 방편으로 전락되어 버렸다. 이에 민족이 화합하려 할 때 구심점이 없어 화합하지 못하고, 뭉쳐서 한민족의 저력을 만천하에 발휘하려 해도 뭉칠 만한 민족의 혼이 사라져 버렸다.

결국 빈집이 되어버린 우리 민족의 몸 속에는 뜻 모르고 이름 모를 물질문명의 외국혼과 정신이 자리를 잡고, 쾌락과 본능을 무기 삼아 주인 노릇을 하게 되었다.

객이 되어버린 우리의 민족정신은 이제는 조상의 실존마저도 한낱 외국 사상에 물들어 인정치 않으려 하니, 조상의 얼을 어디 가서 찾을 것이며, 자손의 번영을 염원하였던 조상의 한을 어찌 바른 면목으로 대할 수 있겠는가. 우리는 부끄러움과 함께 송구함을 깨우쳐서 하루속히 천지인天地人 정신으로 깨달아 우리 본래 모습과 본 정신을 되찾아야 할 것이다.

이러한 정신적 바탕 위에서만 불교, 유교, 천주교, 기독교 정신이 꽃을 피울 수 있는 것이지, 어떻게 뿌리 없이 꽃이 필 수 있겠는가. 이제 꽃의 향기와 모양에만 도취되지 말고 원시반본原始返本의 이치를 알아야 할 것이다. 즉, 뿌리와 꽃을 넓은 마음의 눈으로 동시에 보아야 한다는 것이다. 그것이 바로 천도天道요, 자연의 이치인 것이다.

그럼 우리의 뿌리 정신, 즉 민족정신은 무엇으로 귀착될까? 이 귀착점은 홍익인간의 이념이다. 프랑스의 시라크 수상마저도 "한국인은 자랑스럽게도 성인聖人이 출현하여 처음부터 나라를 세우셨고, 홍익인간의 이념으로 세상을 교화하고 치세하였다"고 말하지 않았던가. 우리 민족의 건국이념 자체가 성인聖人의 이념이었던 것이다.

우리는 이제 한민족의 정신이 천지인 정신임을 깨달아, 머리와 지식으로 아는 것이 아니라 진심으로, 온몸으로, 가슴에서 우러나오는 진실된 심성으로 우리 민족의 표상이었던 천지인 정신을 회복해야 하겠다.

천지인天地人은 천부경에서 유래한다. 〈천부경天符經〉〈삼일신고三一神誥〉〈참전계경參佺戒經〉은 우리 민족의 경전이다. 이 경전들은 국조인 단군께서 말씀하신 것인데, 이 3대 경전 중 으뜸은 〈천부경〉이고, 그 중에서도 '인중천지일人中天

地一' 이라는 구절이다. 이것은 '사람 안에 하늘과 땅이 들어 있고, 하나로써 조화를 이룬다' 는 뜻이다. 이 이치를 깨달은 자를 '천지인天地人' 이라고 한다.

천지인은 인간성이 회복되어 깨달은 인간이다. 또한 천지인은 하늘 사람, 천인天人을 말한다. 이는 예수님께서 말씀하신 '하나님의 아들' 과 통하며, 석가 부처께서 말씀하신 '천상천하유아독존天上天下唯我獨尊' 과도 통하는 말이다. 또한 공자께서 말씀하신 '군자君子' 와 노자의 '도인道人' 과도 통하는 말이다. 그래서 조선시대의 유명한 고승인 서산대사께서는 제자인 사명대사에게 말하기를, "우리나라에는 인도의 석가 부처님이 있기 전에 단군 부처님이 계셨다"고 하였다.

천부경에서 보다시피 우리나라에는 사대성인이 나오기 훨씬 이전에 천지의 이치를 깨달으신 분이 계셨다. 어느 경전도 수리적이고 과학적인 〈천부경天符經〉의 내용에서 벗어날 수 없다.

이제 우리 모두 천지인 정신을 깨달아 천지인으로서 주인 정신을 되찾고, 물질만능의 배금拜金사상 속에서 방황하는 민족정신을 구원할 사명이 있음을 깨달아서, 천지인 정신으로 민족의 화합과 인류의 평화를 이룩하는 세계의 정신지도국이 되자.

이 책은 아득한 옛날, 맨 처음 하늘이 열렸을 때부터 입에서 입으로 전해 내려온 하늘의 가르침이라고 알려진, 우리 민족의 최고最古 경전 〈천부경〉과 〈삼일신고〉 그리고 〈참전계경〉을 한데 엮은, 이른바 개천성서開天聖書이다.

이 세 경전 속에는 우주의 이치와 원리, 하늘과 땅과 사람의 생성 원리, 그리고 이 세상 만물을 감싸고 있으면서 모두에게 생명을 불어 넣고, 키우고, 거두어 들이면서도 자신은 전혀 변함이 없는 하늘의 본체, 나아가 그 본체를 깨치고 하늘이 내린 참 본성에 따라 삶을 살아야 한다는 가르침 등이 자세히 적혀 있다. 다시 말해 이 세 경전 속에는 우주의 본체, 그 본체와 인간과의 관계, 그리고 그 진정한 관계 속에서 우러나는 인간의 삶에 대한 얘기 등이 폭넓게 전개되어 있다. 지난 시대에 일어난 역사의 왜곡, 시대적 상황, 사람들의 무지, 그리고 무엇보다도 하늘의 큰 섭리에 따라 이 세 경전들은 오랜 세월 동안 어둠 속에 묻혀 있었다. 하지만 이제 서서히 밝은 빛 속에 드러나고 있는 우리 민족의 최고 경전을 아무런 선입견 없이 맑은 마음으로 읽는다면, 누구나 우주의 큰 이치를 깨닫고 큰 생명을 얻을 것이다.

원래 고유한 우리말로 전해져 내려오다가 도중에 한문으로 번역된 것을 이제 다시 우리말로 옮기는 작업이다 보니, 이 세 경전을 한 권의 책으로 엮는 것이 결코 쉬운 일은 아니었다. 서로 다른 뜻을 주장하는 번역본들이 많고, 상이한 자료들이 제각기 자신의 존재를 알아달라고 나섰지만, 한계에 갇혀 있는 우리 편집인의 지식으로는 과연 어느 것이 옳은 해석이고, 진짜인지를 가려내기가 몹시 힘들었다. 서로가 머리를 짜내고 갖고 있는 지식을 총동원했지만 결국 우리는 지식의 길을 포기하고 마음의 길을 선택했다. 따라서 이 책은 편집인들의 지식으로 엮어진 글이 절대 아니다. 오직 우리의 마음에 다가와 환한 불빛을 남겨주고, 크든 작든 감동의 물결을 일으켜 우리 자신을 저절로 탈바꿈하게 만드는 그런 내용만을 우선적으로 선택했다.
당연히 이 책은 절대로 완성된 책이 아니다. 잘못된 번역이 많고 부족한 점이 한두 가지가 아니다. 이 책을 펴내는 것은 이 책만이 진짜이고 최고라는 것을 주장하기 위해서가 아니다. 오히려 우리가 엮은 이 책은 이전에 나온 다른 책들보다 많이 부족할 수도 있다. 이 책의 목적은 문장의 진위와 미추를 자랑하기 위한 데 있는 것이 아니라 우리에게 이러한 훌륭한 가르침이 있다는 것을, 세계 그 어느 경전에 조금도 뒤지지 않으며 오히려 그 모든 경전의 뿌리가 되는 하늘의 가르침이 우리에게 있다는 것을 세상에 알리는 데 있다.
세상에 수많은 가르침이 있고, 경전이 있고, 스승이 있고, 목청 높여 진리를 외치는 단체가 많지만, 우리는 정작 다른 가르침에 열심히 귀 기울이면서 우리 자신의 아버지들이 내려준 가르침에는 무관심해 왔다. 우리가 무시하고 잊고 지내온 이 가르침, 지금도 많은 사람들이 책을 손에 들기도 전에 부정부터 하는 이 하늘의 가르침을, 눈과 마음과 온 존재가 하나가 되어 받아들이는 순간, 바로 그 순간부터 우리의 삶이 달라지고 세계관이 변화를 일으킬 것이다.

이 책의 제목이 말해주듯이 하늘의 가르침을 깨달은 사람은 바로 천지인이고, 천지인은 말 그대로 하늘과 땅을 두루 몸과 마음 안에 감싸고 있는 사람이며, 또한 헌 하늘을 버리고 새 하늘을 여는 사람이다. 새 하늘을 여는 일꾼이 많을 때, 세상은 이 나라를 세운 한인桓因, 한웅桓雄, 단군檀君 때 그러했듯이, 인간 존재의 변혁을 꾀하고 모든 것이 조화로운 새 세상을 이룰 수 있을 것이다.

단기 사천삼백이십구년 개천절 날에

한문화 편집부

차 례

하늘 말씀 하나

天符經

천부경
天符經

우주 만물은 하나에서 나오고 하나에서 비롯되나, 이 하나는 하나라고 이름 붙여지기 이전의 하나이며, 본래부터 있어온 하나이다.

하나는 하늘과 땅과 사람 세 갈래로 이루어져 나오지만, 그 근본은 변함도 없고 다함도 없다. 하늘의 본체가 첫 번째로 이루어지고, 그 하늘을 바탕으로 땅의 본체가 두 번째로 이루어지고, 그 하늘과 땅을 바탕으로 사람의 본체가 세 번째로 이루어진다.

이렇게 변함없는 하나가 형상화되기 이전의 하늘, 땅, 사람의 순서로 완성되면서 새로운 하나를 이룬다. 이 새로운 하나는 한정도 없고 테두리도 없다.

이 새로운 하나가 바로 형상화된 하늘과 땅과 사람이다. 형상화되기 이전의 하늘, 땅, 사람과 형상화된 하늘, 땅, 사람이 어울리면서 음과 양, 겉과 속, 안과 밖이 생겨난다.

하늘에는 밤과 낮이 있고, 땅에는 물과 뭍이 있으며, 사람에게는 남녀가 있어서, 이 둘의 조화를 통해 천지는 운행하고 사람과 만물은 성장하고 발달해 나간다.
이렇듯 하늘과 땅과 사람이 원래의 근본 상태, 형상화되기 이전의 상태, 형상화된 상태, 형상화되기 이전의 상태와 형상화된 상태가 어울려서 작용하는 상태, 이 네 단계를 거쳐 우주 만물이 완성되며, 우주 만물은 본래 따로 뗄 수 없는 한 덩어리이다.
이렇게 하나가 묘하게 피어나 우주 만물이 형성되며, 그 쓰임은 무수히 변하나 근본은 다함이 없다.
마음의 근본과 우주 만물의 근본이 하나로 통할 때 일체가 밝아진다. 이렇게 마음을 밝힌 사람에게는 하늘과 땅이 하나로 녹아들어가 있다.
우주 만물은 하나로 돌아가고 하나에서 끝이 나지만, 이 하나는 하나라고 이름 붙이기 이전의 하나이며, 끝이 없는 하나이다.

一始無始 一析三極無盡本 天一一地一二人一三
일 시 무 시 일 석 삼 극 무 진 본 천 일 일 지 일 이 인 일 삼

一積十鉅無匱化三 天二三地二三人二三 大三合
일 적 십 거 무 궤 화 삼 천 이 삼 지 이 삼 인 이 삼 대 삼 합

六生七八九運 三四成環五七一 妙衍萬往萬來
육 생 칠 팔 구 운 삼 사 성 환 오 칠 일 묘 연 만 왕 만 래

用變不動本 本心本太陽昻明 人中天地一 一終無終一
용 변 부 동 본 본 심 본 태 양 앙 명 인 중 천 지 일 일 종 무 종 일

하늘 말씀 둘

三一神誥

무릇 이 세상 만물은 모습은 있으나 그 만물을 내보내는 참 임자는 모습이 없으니, 아무것도 없는 데서 만물을 빚어내고 돌리고 서로 어우러지게 하는 이가 곧 하느님이요, 그 있음을 빌어 세상에 나고 죽고 웃고 아파하는 것들이 바로 사람과 이 세상 만물이다.

처음에 하느님이 주신 성품에는 본래 참과 거짓이라는 게 없었으나, 사람이 그것을 받은 뒤 깨끗함과 더러움이 생겨났으니, 그것은 마치 백 갈래 시냇물에 달 하나가 똑같이 비치고, 같은 비에 젖지만 만 가지 풀이 다 달리 피어나는 것과 같다.

가슴 아파라! 모든 이들이 갈수록 악하고 어리석어져 마침내 어질고 슬기로운 것과는 거리가 멀며, 마음속 어지러운 불길이 서로를 불태워 세상을 불구덩이로 만들고, 서로 다투는 허망한 생각 먼지가 청정한 마음의 근본을 가려 버렸다. 그로 말미암아 흥하듯 망하고 일어났다가 꺼지는 것이 마치 아침 햇살 아래 노는 하루살이와 같고, 밤 촛불에 날아

드는 가엾은 나방의 신세를 면치 못한다. 이는 어린 아들이 우물에 빠지는 것보다 더 큰 일이니, 어찌 자비로운 아버지가 그냥 바라보고만 있겠는가.
이것이 무릇 큰 사랑과 큰 지혜와 큰 힘을 지닌 하느님께서 사람 몸으로 화하여 세상에 내려오신 까닭이며, 또 가르침을 펴고 나라를 세우신 까닭이다.
이 하늘 말씀은 진실로 마음 속 깊이 간직한 가장 높은 참 이치이면서, 뭇사람들을 밝은 이가 되게 하는 둘도 없는 참 경전이니, 그 깊고 오묘한 뜻과 밝고 빛나는 글을 보통 사람의 눈으로 보아 알 수 있는 게 아니다.

반안군왕盤安君王 야발野勃이 쓴
머리말 가운데서 옮겨 적다.

하늘에 대한 가르침
天訓

저 파란 창공이 하늘이 아니며, 저 까마득한 허공이 하늘이 아니다. 하늘은 얼굴도 바탕도 없고, 시작도 끝도 없으며, 위 아래 둘레 사방도 없고, 비어 있는 듯하나 두루 꽉 차 있어서 있지 않은 곳이 없으며, 무엇 하나 포용하지 않은 것이 없다.

主若曰 咨爾衆아 蒼蒼이 非天이며 玄玄이 非天이라. 天은 無
주 약 왈 자 이 중 창 창 비 천 현 현 비 천 천 무

形質하며 無端倪하며 無上下四方하고 虛虛空空하여 無不在
형 질 무 단 예 무 상 하 사 방 허 허 공 공 무 부 재

하며 無不容이니라.
무 불 용

하느님에 대한 가르침
神訓

하느님은 시작도 끝도 없는 근본 자리에 계시며, 큰 사랑과 큰 지혜와 큰 힘으로 하늘을 만들고 온 누리를 주관하여 만물을 창조하시되, 아주 작은 것도 빠진 게 없으며, 밝고도 신령하여 감히 사람의 언어로는 표현할 길이 없다. 언어나 생각을 통해 하느님을 찾는다고 해서 그 모습이 보이는 게 아니다. 오로지 자신의 진실한 마음을 통해 하느님을 찾으라. 그리하면 너의 뇌 속에 이미 내려와 계시니라.

神은 在無上一位하시니 有大德大慧大力하사 生天하시며 主
신 재무상일위 유대덕대혜대력 생천 주

無數世界하시고 造甡甡物하시니 纖塵無漏하며 昭昭靈靈하여
무수세계 조신신물 섬진무루 소소영영

不敢名量이라. 聲氣願禱하면 絶親見이니 自性求子하라 降在
불감명량 성기원도 절친견 자성구자 강재

爾腦시니라.
이뇌

하늘나라에 대한 가르침

天宮訓

하늘나라에는 하느님의 집이 있는데, 이곳에 이르기 위해서는 많은 선행을 쌓고 덕을 베풀어야 한다. 하느님이 계신 곳은 뭇 신령과 밝은 이들이 호위하여 모시고 있어 지극히 길하고 상서로우며 밝고 신령한 기운이 감싸고 있으니, 오직 참 본성이 열리고 공적을 완수한 사람만이 하늘나라에 가서 영원히 쾌락을 얻게 될 것이다.

天은 神國이라. 有天宮하여 階萬善하며 門萬德하니라. 一神
천 신국 유천궁 개만선 문만덕 일신

攸居는 群靈諸哲이 護侍하니 大吉祥大光明處라. 惟性通功
유거 군령제철 호시 대길상대광명처 유성통공

完者라야 朝하여 永得快樂이니라.
완자 조 영득쾌락

세상에 대한 가르침
世界訓

끝없이 널린 저 별들을 보라. 이루 셀 수가 없으며 크기와 밝기가 다 다르다. 하느님께서 온 누리를 창조하시고, 우주 전체에 걸쳐 수백 세계를 거느리고 있으니, 너희 눈에는 너희가 살고 있는 땅이 제일 큰 듯하나 한 알의 구슬에 지나지 않는다.

하느님께서 온 누리를 창조하실 때, 중심의 거대한 기운 덩어리가 폭발하여 무수한 별들이 생겨나고, 바다와 육지가 이루어져, 마침내 지금과 같은 모습을 갖추게 되었다.

하느님께서 기운을 불어넣어 땅 속 깊이까지 감싸고, 햇빛과 열로 따뜻하게 하여, 걷고 날고 허물 벗고 헤엄치고 흙에서 자라는 온갖 것들이 번성하게 되었다.

爾觀森列星辰하라. 數無盡하고 大小明暗苦樂이 不同하니라.
이관삼렬성신 수무진 대소명암고락 부동

一神이 造群世界하시고 神이 勅日世界使者하사 舝七百世界
일신 조군세계 신 칙일세계사자 할칠백세계

하시니 爾地自大나 一丸世界니라. 中火震盪하고 海幻陸遷하여
이지자대 일환세계 중화진탕 해환육천

乃成見象하니라. 神이 呵氣包底하시고 煦日色熱하시니 行翥
내성현상 신 가기포저 후일색열 행저

化游栽物이 繁殖하니라.
화유재물 번식

진리에 대한 가르침
眞理訓

사람과 우주 만물은 다 같이 근본이 되는 하나에서 나왔으며, 이 하나는 세 가지의 참됨을 받으니, 이는 본성(性)과 생명(命)과 정기(精)다. 사람은 이 세 가지를 온전히 받으나, 만물은 치우치게 받는다. 참 본성은 착함도 악함도 없으니 가장 밝은 지혜(上哲)로 두루 통하여 막힘이 없고, 참 생명은 밝음도 흐림도 없으니 다음 가는 밝은 지혜(中哲)로 다 알아 어리석음이 없으며, 참 정기는 두터움도 엷음도 없으니 그 다음 지혜(下哲)로 만 가지 기틀을 잘 지켜 이지러짐이 없다. 따라서 누구나 근본이 되는 하나로 돌아가면 하느님과 하나가 된다.

뭇사람들은 미혹하여 세 가지 망령됨(三妄)이 그 뿌리를 내리니, 이는 마음(心)과 기운(氣)과 몸(身)이다. 마음은 본성에 의지하는 것으로 선악善惡이 있으니, 착하면 복이 되고 악하면 화가 미친다. 기운은 생명에 의지하는 것으로 청탁淸濁이 있으니, 맑으면 오래 살고 흐리면 쉬이 죽는다. 몸은 정기에 의지하는 것으로 후박厚薄이 있으니, 두터우면 귀하고 엷으면 천하다.

참됨(眞)과 망령됨(妄)이 서로 마주하여 세 갈래 길을 만드는데, 이는 느낌(感)과 숨쉼(息)과 부딪힘(觸)이다. 이 세 가지가 굴러 다시 열여덟 경계를 이루니, 느낌에는 기쁨과 두려움과 슬픔과 성냄과 탐냄과 싫어함이 있고, 숨쉼에는 맑은 기운과 흐린 기운과 찬 기운과 더운 기운과 마른 기운과 젖은 기운이 있으며, 부딪힘에는 소리와 빛깔과 냄새와 맛과 음탕함과 만짐이 있다.

뭇사람들은 착하고 악함과 맑고 흐림과 넘쳐남과 모자람을 서로 섞어서 이 여러 경계의 길을 마음대로 달리다가, 나고 자라고 늙고 병들고 죽는 고통에 떨어지고 만다. 그러나 깨달은 이는 느낌을 그치고(止感), 호흡을 고르고(調息), 부딪힘을 금하여(禁觸) 오직 한 뜻으로 나아가 망령됨을 돌이켜 참됨에 이르고, 마침내 크게 하늘 기운을 펴니 이것이 바로 성품이 열리고 공적을 완수함이다.

人物이 同受三眞하니 曰性命精이라. 人은 全之하고 物은 偏
인물 동수삼진 왈성명정 인 전지 물 편
之니라. 眞性은 無善惡하니 上哲이 通하고 眞命은 無淸濁하니
지 진성 무선악 상철 통 진명 무청탁
中哲이 知하고 眞精은 無厚薄하니 下哲이 保하나니 返眞하여
중철 지 진정 무후박 하철 보 반진
一神이니라.
일신

惟衆은 迷地에 三妄이 着根하니 曰心氣身이라. 心은 依性하여
유중 미지 삼망 착근 왈심기신 심 의성
有善惡하니 善福惡禍하고 氣는 依命하여 有淸濁하니 淸壽濁
유선악 선복악화 기 의명 유청탁 청수탁
殀하고 身은 依精하여 有厚薄하니 厚貴薄賤이니라.
요 신 의정 유후박 후귀박천

眞妄이 對作三途하니 曰感息觸이라. 轉成十八境하니 感엔 喜
진망 대작삼도 왈감식촉 전성십팔경 감 희
懼哀怒貪厭이요 息엔 芬爛寒熱震濕이요 觸엔 聲色臭味淫抵
구애노탐염 식 분란한열진습 촉 성색취미음저
니라.

衆은 善惡淸濁厚薄을 相雜하여 從境途任走하여 墮生長肖病
중 선 악 청 탁 후 박 상 잡 종 경 도 임 주 타 생 장 소 병

歿의 苦하고, 哲은 止感하고 調息하며 禁觸하여 一意化行하여
몰 고 철 지 감 조 식 금 촉 일 의 화 행

返妄卽眞하여 發大神機하니 性通功完이 是니라.
반 망 즉 진 발 대 신 기 성 통 공 완 시

하늘 말씀 셋

參佺戒經

단군 성조의 신성한 시대에는 여덟 가지 이치에 따른 삼백 예순여섯 지혜로 모든 사람을 가르쳤으니, 사람이 모두가 어질고 어리석은 이가 없어 쉽게 하늘의 이치를 알았다. 또한 스스로 사람의 도리를 깊이 깨우쳐 명령하거나 시키지 않아도 저절로 되어가 모든 사람이 감동하여 따르고 지극한 평화 세상이 되었다.

기자 조선 초대 임금 기자奇字가 쓴
머리말 가운데서 옮겨 적다

성령장
聖靈章

신성한 영께서 높은 자리에 계시면서 사람의 삼백예순여섯 가지 일을 다스리니 그 강령은 첫째 정성, 둘째 믿음, 셋째 사랑, 넷째 구원, 다섯째 재앙, 여섯째 행복, 일곱째 갚음, 여덟째 응답이다.

聖靈은 在上이요 主宰人三百六十六事하니, 其綱領은 曰誠이요
성령 재상 주재인삼백육십육사 기강령 왈성

曰信이요 曰愛요 曰濟요 曰禍요 曰福이요 曰報요 曰應이라.
왈신 왈애 왈제 왈화 왈복 왈보 왈응

제1강령

성誠

제1강령 성誠 제1사 6체體 47용用

제1체	**경신敬神**	**제2사**
제1용	존봉尊奉	제3사
제2용	숭덕崇德	제4사
제3용	도화導化	제5사
제4용	창도彰道	제6사
제5용	극례克禮	제7사
제6용	숙정肅靜	제8사
제7용	정실淨室	제9사
제8용	택재擇齋	제10사
제9용	회향懷香	제11사
제2체	**정심正心**	**제12사**
제10용	의식意植	제13사
제11용	입신立身	제14사
제12용	불혹不惑	제15사
제13용	일엄溢嚴	제16사
제14용	허령虛靈	제17사
제15용	치지致知	제18사
제16용	폐물閉物	제19사
제17용	척정斥情	제20사
제18용	묵안默安	제21사
제3체	**불망不忘**	**제22사**
제19용	자임自任	제23사
제20용	자기自記	제24사
제21용	첩응貼膺	제25사
제22용	재목在目	제26사
제23용	뇌허雷虛	제27사
제24용	신취神聚	제28사
제4체	**불식不息**	**제29사**
제25용	면강勉强	제30사
제26용	원전圓轉	제31사
제27용	휴산休算	제32사
제28용	실시失始	제33사
제29용	진산塵山	제34사
제30용	방운放運	제35사
제31용	만타慢他	제36사
제5체	**지감至感**	**제37사**
제32용	순천順天	제38사
제33용	응천應天	제39사
제34용	청천聽天	제40사
제35용	낙천樂天	제41사
제36용	대천待天	제42사
제37용	대천戴天	제43사
제38용	도천禱天	제44사
제39용	시천恃天	제45사
제40용	강천講天	제46사
제6체	**대효大孝**	**제47사**
제41용	안충安衷	제48사
제42용	쇄우鎖憂	제49사
제43용	순지順志	제50사
제44용	양체養體	제51사
제45용	양구養口	제52사
제46용	신명迅命	제53사
제47용	망형忘形	제54사

성
誠

정성이란 마음 깊은 곳에서 우러나오는 것으로 자신의 참 본성을 지키는 것이니, 여기에는 여섯 가지 체體와 마흔일곱 가지 용用이 있다.

誠者는 衷心之所發이요 血性之所守니 有六體四十七用
성자 충심지소발 혈성지소수 유육체사십칠용
이니라.

경신
敬神

경敬은 지극한 마음을 다하는 것이고, 신神은 곧 하느님이다. 경신敬神이란 지극한 마음을 다하여 하느님을 공경하는 것을 말한다. 해, 달, 별, 바람, 비, 천둥, 번개는 모습 있는 하늘이고, 형체가 없어 보이지 않고 소리가 없어 들리지 않는 것은 모습 없는 하늘이다. 모습 없는 하늘을 일컬어 '하늘의 하늘' 이라 하는데 이 '하늘의 하늘' 이 바로 하느님이다. 사람이 하느님께 지극한 마음을 다 쏟지 않으면 하느님이 사람에게 응답하지 않으니, 이는 마치 풀과 나무가 비와 이슬과 서리와 눈을 맞지 못하는 것과 마찬가지다.

敬者는 盡至心也요 神은 天神也라. 日月星辰과 風雨雷霆은
경자 진지심야 신 천신야 일월성신 풍우뢰정

是有形之天이요 無物不視하며 無聲不聽은 是無形之天이라.
시유형지천 무물불시 무성불청 시무형지천

無形之天을 謂之天之天이라 하니 天之天은 卽天神也라. 人不
무형지천 위지천지천 천지천 즉천신야 인불

敬天이면 天不應人하여 如草木之不經雨露霜雪이니라.
경천 천부응인 여초목지불경우로상설

존봉
尊奉

존尊은 숭배하는 것이고, 봉奉은 정성을 다해 마음에 새겨 간직하는 것이다. 존봉尊奉이란 하느님을 정성을 다해 높이 받들며 귀하게 모시는 것을 말한다. 사람이 하느님을 정성을 다해 높이 받들면 하느님이 또한 사람에게 정기를 내려 주시니 마치 갓난 아이에게 젖을 먹이는 것과 같고 얼어붙은 몸에 옷을 입혀 주는 것과 같다. 만일 정성 없이 하느님을 숭배한다면 귀먹고 눈멀어서 들으려 해도 들리지 않고 보려 해도 보이지 않는다.

尊은 崇拜也요 奉은 誠佩也라. 人而尊奉天神이면 天神이 亦
존 숭배야 봉 성패야 인이존봉천신 천신 역

降精于人하여 如乳於赤喘하며 衣於凍體하고 若無誠而尊之면
강정우인 여유어적천 의어동체 약무성이존지

且聾하고 且盲하여 聽之無聞하고 視之無見하니라.
차농 차맹 청지무문 시지무견

第4事

숭덕
崇德

誠1體 2用

숭덕崇德이란 하늘의 덕을 높이는 것을 말한다. 하늘의 덕은 가문 땅에 내리는 단비와 같고, 그늘진 골짜기에 내리쬐는 봄볕과 같다. 잠시라도 진실로 하늘의 덕이 없으면 사람은 사람답지 못하고 만물은 제구실을 하지 못한다. 따라서 밝은이는 언제나 부지런히 하늘의 덕을 기린다.

崇은 尊之也요 德은 天德也니 天德者는 甘霖於旱土하고 陽春
숭　존지야　덕　천덕야　천덕자　감림어한토　양춘

於陰谷之類也라. 造次之間에 苟未有天德이면 人而不爲人
어음곡지류야　조차지간　구미유천덕　인이불위인

하고 物而不爲物이라. 是以로 哲人은 孜孜하여 頌天德하니라.
물이불위물　시이　철인　자자　송천덕

第5事　　誠1體 3用

도화
導化

도導는 가리켜 이끄는 것이고, 화化는 하늘이 지은 조화이다. 도화導化란 하늘의 조화로 인도하는 것을 말한다. 사람이 하늘의 조화를 알지 못하면 하늘과 사람의 이치에 어두워서 자기가 타고난 성품을 어디서 받았는지, 또한 자신의 몸이 어디서 왔는지 알지 못한다. 먼저 하늘의 조화를 깨닫지 못하면 나머지 것들도 깨달을 수 없으니 밝은이는 마땅히 하늘의 조화를 열어 뒷사람을 인도해야 한다.

導는 指引也요 化는 天工造化也라. 人이 不知有天工造化則
도 지인야 화 천공조화야 인 부지유천공조화즉

昧於天人之理하여 不知我賦性이 從何而受矣요 亦不知我身
매어천인지리 부지아부성 종하이수의 역부지아신

體自何而來矣라. 覺不先此면 無所餘覺이리니 哲人은 宜開
체자하이래의 각불선차 무소여각 철인 의개

하여 導後人하느니라.
도후인

第6事 誠1體4用

창도
彰道

창도彰道란 하느님의 바른 도를 밝게 빛나게 하는 것을 말한다. 사람이 하느님의 바른 도를 행하면 요사스러운 귀신이 감히 그 모습을 드러내지 못하며 사악한 마귀 또한 간사함을 부리지 못한다. 무릇 하느님의 바른 도란 중도中道를 말하니, 중도의 법도를 잘 지켜 나가면 마침내 하늘의 도가 밝아진다.

彰은 贊也요 道는 天神正道也라. 人이 以正道則妖怪가 不能
창 찬야 도 천신정도야 인 이정도즉요괴 불능

顯其狀하고 邪魔가 不能逞其奸하니 夫正道者는 中道也니
현기상 사마 불능령기간 부정도자 중도야

中一其規하면 天道乃彰이니라.
중일기규 천도내창

第7事 誠1體 5用

극례
克禮

극례克禮란 지극히 하느님을 공경하는 예를 말한다. 예가 없으면 공손하지 못하고 공손하지 못하면 정성이 없는 것이니 만약 예와 공경을 다하면 하느님께서 언제 어디서나 기쁘게 임할 것이다.

克은 極也요 禮는 敬天神之禮也라. 無禮則不恭하고 不恭則
극　극야　예　경천신지례야　무례즉불공　불공즉

無誠하니 若盡禮하며 盡敬이면 天神이 穆臨于上하니라.
무성　약진례　진경　천신　목림우상

第8事

숙정
肅靜

誠1體6用

숙정肅靜이란 몸의 정기를 바로잡고 마음을 맑고 고요하게 하는 것을 말한다. 몸의 기운을 바로 세우면 물질에 대한 욕심이 일어나지 않고 마음을 고요히 하면 하늘의 이치가 저절로 밝아진다. 마치 햇빛 아래 거울을 걸어 놓은 것과 같아 그늘지고 어두운 곳을 밝게 비춘다. 몸의 기운을 바로 세우고 마음을 고요히 하여 하느님을 공경하면 능히 하늘에 있는 신령을 볼 것이다.

肅은 立氣也요 靜은 定心也라. 立氣則物慾을 不作하고 定心
숙 입기야 정 정심야 입기즉물욕 부작 정심

則天理自明하여 如日下掛鏡하여 陰暗映輝하니 以肅靜敬
즉천리자명 여일하괘경 음암영휘 이숙정경

之하면 能覩在天之靈하리라.
지 능도재천지령

第9事 誠1體 7用

정실
淨室

정실淨室이란 하느님을 높이 받드는 곳을 말한다. 높고 마르고 깨끗한 곳을 택해야 하며, 나쁜 냄새와 더러운 것을 금하고, 소란함을 끊고, 번잡한 의식은 하지 말 것이며, 쓰는 기구는 보배로운 것보다 그 바탕의 정결함이 중요하다.

淨室者는 尊奉天神之處也라. 卜陟乾하며 禁葷穢하며 絶喧譁
정실자 존봉천신지처야 복척건 금훈예 절훤화

하며 勿繁式하고 器具에 不在重寶요 質潔이 是要니라.
물번식 기구 부재중보 질결 시요

第10事 誠1體 8用

택재
擇齋

택擇은 지극한 정성으로 의식을 행하는 것이고, 재齋란 목욕재계를 하고 마음을 고요히 가다듬는 것이다. 택재擇齋는 지극한 정성으로 날을 택하고 뜻을 세운 후에 의식을 행하는 것을 말한다. 비록 빌 것이 있더라도 여섯 가지 감정에 이끌려 급히 서둘면 이는 하느님께 방자한 것이니, 반드시 날을 택하고 마음을 가다듬어 정성줄이 가슴 속에 서린 뒤에 행해야 하며, 그래야 하느님께서 굽어보신다.

擇이란 至精之儀也요 齋는 靜戒之意也라. 雖有所禱라도 以
택 지정지의야 재 정계지의야 수유소도 이

六感餘使로 猝然求之면 此는 慢天神也니 必擇日戒心하여
육감여사 졸연구지 차 만천신야 필택일계심

一道誠線이 盤縈于胸次然後에 乃行則天神이 俯瞰하시리라.
일도성선 반영우흉차연후 내행즉천신 부감

第11事 # 회향 誠1體 9用

懷香

회향懷香이란 향을 품는다는 뜻이다. 향불 올리는 글(懷香詩)에 이르기를, "향로 하나를 받들어 올리고자 할 때 천리 길을 가는 마음으로 공손히 하라. 향 연기는 날아올라 흩어지지 않으니 하느님을 향한 지극한 정성이 더욱 깊어지리라."

懷香詩에 曰 欲供一爐奉인대 恭懷千里心하라. 香煙이
회향시 왈 욕공일로봉 공회천리심 향연

飛不散하니 定向至誠深이라.
비불산 정향지성심

정심
正心

정심正心이란 하늘 마음으로 바르게 하는 것이다. 마음에는 아홉 개의 구멍이 있어 육감(喜懼哀怒貪厭)이 희롱하면 하늘의 이치를 구하려 해도 얻지 못한다. 만일 한 마음이 뚜렷하게 서면 태양의 밝은 빛에 구름과 안개가 걷히는 것과 같고, 드넓은 바다가 넘실거림에 티끌이 사라지는 것과 같다.

正心者는 正天心也라. 心有九竅하나 六感이 弄焉이면 求天
정심자 정천심야 심유구규 육감 농언 구천

理而不可得也라. 若一片靈臺가 巍然獨立하면 太陽光明에
리이불가득야 약일편영대 외연독립 태양광명

雲霧消滅之하고 大海汪洋에 塵埃杜絶之니라.
운무소멸지 대해왕양 진애두절지

第13事 誠2體10用

의식
意植

의意는 마음으로부터 명령을 받는 것이고, 식植은 깊이 뿌리 내려 움직이지 않음이니, 의식意植이란 천심天心에 뿌리를 내려 흔들리지 않음을 말한다. 뜻이 천심을 따르지 않고 사람의 욕심을 좇아 움직이면, 결국 몸 전체가 하늘의 명령을 어기는 것이 되어 마침내 그 공을 거두지 못하고 바람이 불어 나뭇가지가 흔들리다가 뿌리마저 흔들리게 되는 것과 같다. 하늘 마음으로 바르게 하고자 하면 먼저 마음의 밭을 고루 갈아야 결실이 있을 것이다.

意는 受命於心者也요 植은 株植而不移也라. 意不受命於天
의 수명어심자야 식 주식이불이야 의불수명어천

心하고 從人慾而妄動則百體反命하여 終不收功而風枝에 遂
심 종인욕이망동즉백체반명 종불수공이풍지 수

搖根矣리라. 欲正天心이면 先耕意田于衡이라야 乃運하리라.
요근의 욕정천심 선경의전우형 내운

第14事 誠2體 11用

입신
立身

입신立身이란 몸을 곧고 바르게 세우는 것을 말한다. 마음에 부끄러운 것이 없어야 몸을 바르게 하여 세상에 나설 수가 있다. 마음을 바르게 하지 않으면 숨기고 몰래 하는 사이에 괴로움과 번민이 번갈아 일어나 정기가 흩어지고 기운이 쇠약해진다. 그러므로 밝은이는 순수하고 윤택하여 신령스러운 기운이 흐르고 뭇사람들은 굽실거리며 산다.

立(입)은 直也(직야)요 身(신)은 躬也(궁야)라. 無所愧於心然後(무소괴어심연후)에 乃直躬(내직궁)하여 立於世矣(입어세의)요 不正心則隱微之間(부정심즉은미지간)에 惱懣(뇌만)이 交至(교지)하여 精散而氣衰(정산이기쇠)하니 是故(시고)로 哲人(철인)은 粹潤(수윤)하고 衆人(중인)은 傴僂(구루)하니라.

第 15 事 誠 2 體 12 用

불혹
不惑

불혹不惑이란 만물에 미혹되지 않음이다. 마음이 바르면 지혜가 솟아나 만물을 밝게 비추기 때문에 자연히 그 추함과 아름다움, 섬세함과 조잡함이 나타나 자신이 분별을 내기 전에 먼저 밝은 지혜로써 알게 되니 어찌 미혹될 수가 있겠는가. 마음이 밝지 못하면 발을 겹겹으로 쳐서 막은 것 같아서 발 저편에서 뛰고 나는 것이 짐승인지 새인지 알지 못하여 결국 미혹에 빠지고 만다.

不惑者는 不惑之於物也라. 心正則明하니 物照於明에 自顯
불혹자 불혹지어물야 심정즉명 물조어명 자현

其醜姸精粗하여 不待我別之而物先知於明하니 何惑焉이리오.
기추연정조 부대아별지이물선지어명 하혹언

心不明則如隔重簾하여 簾外走的飛的이 不知是獸是禽하여
심불명즉여격중렴 염외주적비적 부지시수시금

惑遂生焉이니라.
혹수생언

第16事 誠2體13用

일엄
溢嚴

일엄溢嚴은 공명정대한 기운이 가득 차 넘쳐나는 것을 말한다. 하늘이 추상 같은 뜻을 머금으면 숙연한 기운이 세상에 넘치고, 사람이 바른 마음을 품으면 엄숙한 기운이 한결같이 일어난다. 그 위엄은 신령스러운 용과 같고, 그 모습은 높은 산봉우리와 같다.

溢은 水盈而過也요 嚴은 正大之氣色也라. 天含秋意에 肅氣
일 수영이과야 엄 정대지기색야 천함추의 숙기

溢于世界하고 人包正心에 嚴氣一于動作하여 威如神龍하고
일우세계 인포정심 엄기일우동작 위여신룡

形似喬嶽이니라.
형사교악

第17事　　誠2體14用

허령
虛靈

허虛는 아무것도 없이 텅 비어 있는 것이고, 영靈은 심령을 말한다. 허령虛靈이란 가리는 것 없이 마음을 맑게 비우는 것으로, 박 씨의 흰 빛처럼 맑고 영롱하고 빈 가운데 이치와 기운이 생겨나 크게는 우주를 두루 돌고 작게는 티끌 속에까지 들어간다. 그 이치와 기운은 텅 비어 있으면서 또한 신령하다.

虛는 無物也요 靈은 心靈也라. 虛靈者는 心無所蔽하여 犀色이
허　무물야　령　심령야　허령자　심무소폐　서색

玲瓏하고 虛中에 生理氣하여 大周天界하며 細入微塵하니
영롱　허중　생이기　대주천계　세입미진

其理氣也 且虛且靈이니라.
기이기야 차허차령

第18事 誠2體15用

치지
致知

치지致知란 알지 못했던 것을 알아 깨닫는 것을 말한다. 바른 마음이 한결같으면 마음 속 신神은 앎(知)을, 영靈은 깨달음(覺)을 관장하여, 소리가 들리면 신이 통하고, 사물이 다가오면 영이 깨달아, 이미 지나간 일과 장차 올 일을 눈으로 보듯이 환히 알게 된다.

致知者는 知覺乎所不知也라. 正心而無間斷焉則 心神은 掌
치지자 지각호소부지야 정심이무간단언즉 심신 장

知하고 心靈은 掌覺하여 聲入而神通하고 物來而靈悟하여
지 심령 장각 성입이신통 물래이령오

旣往將來를 燎若當時하리라.
기왕장래 요약당시

第 19 事 誠 2 體 16 用

폐물
閉物

폐물閉物이란 사물에 대해 마음을 닫고 열지 않는 것을 뜻한다. 마음은 일을 간직해 둔 창고이며, 몸은 일을 행하는 기틀이다. 간직만 하고 꺼내지 않는다면 어찌 일을 이루겠는가. 열어서 꺼내는 데에는 때와 장소가 있는 법이니 때에 맞춰 열지 않고 곳에 따라 꺼내지 않으면, 하늘의 이치가 어두워지고 어지러워지고 사람의 도리가 뒤집어진다. 그러므로 밝은이는 바깥에 있는 대상에 끌려 다니지 않으므로 사물에 마음을 닫으면서 열고 꺼내는 것을 조심스럽게 한다.

閉는 不開也요 物은 事物也라. 心者는 藏事之府庫요 身者는
폐 불개야 물 사물야 심자 장사지부고 신자

行事之樞機也라. 藏而不發이면 安得現做乎아 開發에 有時
행사지추기야 장이불발 안득현주호 개발 유시

有地라 開不以時하고 發不以地면 天理昏暗하고 人道顚覆이라.
유지 개불이시 발불이지 천리혼암 인도전복

故로 哲人은 閉物而愼開發이니라.
고 철인 폐물이신개발

척정
斥情

척斥은 물리치는 것이고 정情은 감정과 욕망으로, 척정斥情이란 감정에 흔들리지 않는 것을 말한다. 기쁨과 성냄이 있어도 바른 마음을 얻지 못하고, 좋아함과 미워함이 있어도 바른 마음을 얻지 못하고, 편안함과 즐거움을 추구해도 바른 마음을 얻지 못하며, 가난과 천함을 싫어해도 바른 마음을 얻지 못한다. 바른 마음을 얻으려면 먼저 감정과 욕망을 물리쳐야 한다.

斥(척)은 却也(각야)요 情(정)은 情慾也(정욕야)라. 有喜怒則不得正心(유희노즉부득정심)하고 有好惡則不得正心(유호오즉부득정심)하고 求逸樂則不得正心(구일락즉부득정심)하며 厭貧賤則不得正心(염빈천즉부득정심)하니 欲正心(욕정심)이면 先斥情慾(선척정욕)이니라.

第21事 誠2體18用

묵안
默安

묵默은 마음이 깊이 가라앉는 것이고, 안安은 집착이 없이 마음이 맑고 고요한 것이다. 묵안默安이란 깊은 물처럼 마음이 오래도록 고요하고 맑은 것을 말한다. 깊이 가라앉아 있으면 마음이 어지러운 것으로부터 멀어지고, 맑은 가운데 쉬면 마음이 번거로운 것을 피하게 된다. 이는 마치 흙탕물이 점점 맑아져서 다시는 흐려지지 않는 것과 같다. 깊이 가라앉아 편히 쉬는 것은 마음을 맑게 하는 근원이요, 맑은 마음은 바른 마음을 갖는 바탕이다.

默은 沈遠也요 安은 淡泊也라. 沈遠以戒心之亂近하고 淡泊
묵 침원야 안 담박야 침원이계심지난근 담박

以戒心之冗劇則 泥水漸清하여 重濁이 乃定이라. 此清心之
이계심지용극즉 이수점청 중탁 내정 차청심지

源也니 清心者는 正心之基也니라.
원야 청심자 정심지기야

불망
不忘

불망不忘이란 억지로 잊지 않으려 하는 게 아니라 저절로 잊혀지지 않는 것이다. 정성이란 도를 이루는 전부이고 일을 성사시키는 가장 큰 근원이다. 늘 잊지 않고 한결같이 품어온 정성이라야 참된 정성이며, 한 번도 어기지 않고 행함은 그 다음이다.

不忘者는 不是欲不忘이라 是天然으로 不忘也라. 誠者는 成
불망자 불시욕불망 시천연 불망야 성자 성

道之全體요 作事之大源也라. 天然不忘으로 其所抱之誠則誠
도지전체 작사지대원야 천연불망 기소포지성즉성

이요 一而無違者는 直其次焉耳니라.
일이무위자 직기차언이

자임
自任

자임自任이란 자신 이외의 다른 것에 의하지 않은 오로지 자연적으로 우러난 정성이다. 이렇게 저절로 우러나는 정성으로 행하면 구하지 않아도 자연히 일이 이루어지니 마치 봄 가을이 번갈아 이어지고 낮과 밤이 자연적으로 바뀌는 것과 같다.

自任者는 不由他而專其自然之誠이라. 不求而自至니 如春秋之代序하며 日月之相替니라.
자임자 불유타이전기자연지성 불구이자지 여춘추지대서 일월지상체

第24事 誠3體20用

자기
自記

자기自記란 기억하고자 하는 것이 아니라 저절로 기억하는 것을 말한다. 기억하고자 하는 것은 마음으로 바라는 바가 있기 때문이고, 저절로 기억하는 것은 마음으로 애써 바라지 않아도 스스로 알아서 기억되어 있다. 깨우치기 위해 정성을 다해 공부하는 사람은 그 정성의 이치에 따라 비록 쌀가루만 먹고 지내도 뇌까지 정기가 두루 미치니, 만 가지 번뇌 망상이 일어도 굳게 다져진 한결같은 마음은 오직 정성밖에 없다.

自記者는 不欲記而自記也니 欲記者는 是求之於心者也요
자기자 불욕기이자기야 욕기자 시구지어심자야

自記者는 不求之於心而自在者也라. 修道之士存誠於誠之
자기자 불구지어심이자재자야 수도지사존성어성지

理하여 已爲糝腦洽精故로 雖萬想이 交迭이나 斷斷一念은
리 기위삼뇌흡정고 수만상 교질 단단일념

不外乎誠이니라.
불외호성

첩응
貼膺

첩응貼膺이란 지극한 정성이 항상 가슴에 서리어 떠나지 않음을 말한다. 타고난 순수한 정성은 하느님이 이끌어주고, 신령들이 감싸주며, 몸에 실린다. 타고난 그대로의 순수한 정성을 가슴 깊이 간직하면 몸은 추워도 가슴은 뜨겁다.

貼膺者는 貼乎膺而不離也라. 夫天然之誠을 神이 御之하며
첩응자 첩호응이불리야 부천연지성 신 어지

靈이 包之하고 身이 載之하여 牢拴於膺이면 體寒而膺熱하니라.
영 포지 신 재지 뇌전어응 체한이응열

재목
在目

재목在目이란 어디에다 정성을 들일 것인지 정성의 소재를 생각하지 않아도 그것이 눈에 항상 어려 있는 것이다. 눈으로는 어떤 사물이든 다 볼 수 있으나, 정성 어린 뜻이 눈에 담겨 있으면 가까이 보이는 것은 그 이름을 헤아릴 길이 없으나 멀리 있는 것은 한 폭의 그림같이 보인다.

在目者는 不思誠之所在而常在於目也라. 目之於視物에 無
재 목 자　불 사 성 지 소 재 이 상 재 어 목 야　목 지 어 시 물　무

物不見하니 但誠意在目則 近物은 不知名이나 遠物은 如
물 불 견　단 성 의 재 목 즉　근 물　부 지 명　원 물　여

畵圖니라.
화 도

第27事 誠3體23用

뇌허
雷虛

뇌허雷虛란 정성스러운 마음이 지극하면 귀에 신기한 기운을 매단 것 같아서 정성을 쏟을 때는 귀에서 우뢰와 같은 큰 소리가 나므로 저절로 텅 비게 되어 바깥 소리는 일체 들리지 않는다.

雷虛者는 誠心이 纏于耳聞하여 誠發之時에 以雷聲之大로
뇌허자 성심 전우이문 성발지시 이뇌성지대

自虛而不聞也니라.
자허이불문야

第28事 誠3體24用

신취
神聚

신취神聚란 정신을 모으는 것을 말한다. 사람의 몸의 각 부위에는 신경이 있어서 제각각 지키고 있는 까닭에 간이 맡은 일에 폐가 끼어들지 않고, 위가 맡은 일에 콩팥이 간섭하지 않는다. 다만 정성을 다함에는 모든 신경을 다 모아야 하니 그 중 하나라도 없으면 그 정성은 이루어질 수 없다.

神은 精神也요 聚는 合也라. 人之諸經部神이 各守하여 肝役에
신 정신야 취 합야 인지제경부신 각수 간역

肺不參하고 胃役에 腎不參하고 但於誠役에 諸神이 聚合하니
폐불참 위역 신불참 단어성역 제신 취합

無一則不能成誠이니라.
무일즉불능성성

불식
不息

불식不息이란 지극한 정성을 쉬지 않는 것을 말한다. 지극한 정성으로 쉬지 않고 계속 하는 것과 쉼 없이 그저 계속하는 것은 다르다. 그것은 도력이 한껏 모아지는 것과 사람의 욕심이 일어났다 사라졌다 하는 것의 차이이니, 비록 처음에는 티끌만 하나 나중에는 하늘과 땅의 차이로 벌어진다.

不息者는 至誠不息也라. 不息及無息이 各自有異하니 其在
불식자 지성불식야 불식급무식 각자유이 기재

道力之奮蹲과 人慾之消長하여 纖毫之隔이 相去天壤也라.
도력지분준 인욕지소장 섬호지격 상거천양야

第30事　　誠4體25用

면강
勉强

면강勉强이란 스스로 힘써 노력하는 것을 말한다. 스스로 힘써 노력한다는 것은 능히 일을 도모하여 그 방향으로 밀고 나가는 것을 뜻하니, 갈림길이나 모퉁이에서도 주저하는 기색이 없고 어려움이 따르나 결국 목적한 바를 이루게 된다. 힘써 노력하면 정성의 뿌리가 더욱 깊어져 애쓰지 않아도 힘이 생기며, 머지않아 그 뜻을 이룰 수 있다.

勉强者는 勉自强也라. 自强者는 克圖進向하니 無岐隅赵趄
면강자 면자강야 자강자 극도진향 무기우자저

之端緖하고 畢竟困而得之也라. 勉强則誠本이 深固하여 不治
지단서 필경곤이득지야 면강즉성본 심고 불치

强而能强하며 無何而能成也니라.
강이능강 무하이능성야

第31事 誠4體26用

원전
圓轉

원전圓轉이란 정성을 쉬지 않는 것으로 이는 마치 둥근 물건이 평평한 땅에서 저절로 구르는 것과 같다. 멈추려 해도 멈출 수 없고, 늦추려 해도 늦출 수 없으며, 빨리 하려 해도 역시 되지 않으니 몸체를 따라 쉼 없이 굴러가는 것이다.

圓轉者는 誠之不息이니 如圓物之自轉於平坦也니라. 欲止而
원 전 자 성 지 불 식 여 원 물 지 자 전 어 평 탄 야 욕 지 이

不得하며 欲緩而不得하며 欲速而又不得하여 隨體轉向而
부 득 욕 완 이 부 득 욕 속 이 우 부 득 수 체 전 향 이

不息하니라.
불 식

第32事　　　　誠4 體27 用

휴산
休算

휴休는 쉬는 것이며 산算은 계산하는 것으로, 휴산休算이란 계산하지 않는 것을 말한다. 바라는 바가 있어 정성을 쏟는 사람이, 시작하는 날로부터 끝나는 시간까지를 재빨리 계산하여 그 동안에 어떤 감응이 있지 않을까 기대한다면 이것은 정성을 들이지 않는 것과 같다. 무릇 정성을 쉬지 않는다는 것은 정성의 시작도, 정성의 끝도 계산하지 않는 것이다.

休는 歇也요 算은 計也라. 有欲而爲誠者는 輒計自起日로
휴 헐야 산 계야 유욕이위성자 첩계자기일

曰迄于幾時하여 抑未有感歟하면 此는 與不誠으로 同이라. 夫
왈흘우기시 억미유감여 차 여불성 동 부

誠之不息者는 不算誠之起年하며 又不算誠之終年이니라.
성지불식자 불산성지기년 우불산성지종년

第33事

실시
失始

誠4體28用

실시失始란 처음을 잊는 것을 말한다. 처음에는 바라는 바가 있어 정성을 들이기 시작했어도, 점점 깊은 경지에 들어가면 바라던 바는 점점 작아지고 정성을 들이고자 하는 바는 점점 커진다. 거듭하여 점점 참다운 경지에 들어가면 바라는 바는 없어지고 오직 정성을 다하고자 하는 일만 남는다.

失은 忘也요 始는 初也라. 初有所欲爲而始誠하여 漸入深境
실 망야 시 초야 초유소욕위이시성 점입심경

則所欲爲는 漸微하고 所欲誠은 漸大하며 又漸入眞境則無
즉소욕위 점미 소욕성 점대 우점입진경즉무

所欲爲而 只有所欲誠而已니라.
소욕위이 지유소욕성이이

第34事

진산
塵山

誠4體29用

진塵은 티끌이라는 뜻으로, 진산塵山이란 티끌이 모여 산을 이루는 것을 말한다. 티끌이 바람에 날려 산기슭에 쌓이기를 오랜 세월 거듭하면 산 하나를 이루게 된다. 지극히 작은 먼지 알맹이가 그토록 큰 산을 이루는 것은 바람이 쉬지 않고 먼지를 몰고 오기 때문이다. 정성도 또한 이와 같아서 쉬지 않고 정성을 다하면 정성의 산을 능히 이룰 수 있다.

塵은 塵埃也니 塵埃隨風하여 積于山陽이 年久에 乃成一山하니
진 진애야 진애수풍 적우산양 년구 내성일산

以至微之土로 成至大之丘者는 是風之驅埃不息也라 誠亦
이지미지토 성지대지구자 시풍지구애불식야 성역

如是하여 至不息則誠山을 可成乎리라.
여시 지불식즉성산 가성호

第35事

방운
放運

誠4體30用

방放이란 정성된 뜻을 본받는 것이고, 운運은 정성의 힘을 움직이는 것이니, 방운放運이란 정성된 뜻을 본받아 움직이는 것을 말한다. 정성된 뜻을 본받아 쉬지 아니하면 캄캄한 밤에 밝은 달이 드러나는 것과 같고, 정성된 힘을 쉼 없이 밀고 나가면 한 손으로 삼십만 근을 들어올릴 수 있는 것과 같다. 비록 정성이 그와 같을지라도 혹 정성된 뜻이 뜨고 잠기거나, 정성된 힘이 약해졌다 세어졌다 하면 그 결과를 알 수 없게 된다.

放은 放誠意也요 運은 運誠力也라. 放誠意而不息則 黑夜에
방 방성의야 운 운성력야 방성의이불식즉 흑야

生明月하고 運誠力而不息則 隻手擧萬鈞이라. 雖誠有然이나
생명월 운성력이불식즉 척수거만균 수성유연

其或誠意浮沈하며 誠力이 柔强하면 不能識其果니라.
기혹성의부침 성력 유강 불능식기과

第36事 誠4體31用

만타
慢他

만慢은 마음에 두지 않는 것이고, 타他는 밖의 일이니, 만타慢他란 마음 밖의 일을 생각하지 않는 것을 말한다. 마음속의 한결같은 생각이 정성에 있고, 정성 어린 한결같은 생각이 쉬지 않으면 밖의 일이 어찌 끼어들 수 있겠는가. 그러므로 가난하고 천함이 그 정성을 게으르게 하지 못하고, 부유하거나 귀함이 그 정성을 어지럽히지 못한다.

慢은 不存乎心也요 他는 念外事也라. 心一念이 在乎誠하고
만 부존호심야 타 염외사야 심일념 재호성

誠一念이 在乎不息則 念外事가 安能萌動乎리오. 是以로 貧
성일념 재호불식즉 염외사 안능맹동호 시이 빈

賤이 不能倦其誠하고 富貴면 不能亂其誠하느니라.
천 불능권기성 부귀 불능난기성

지감
至感

지감至感이란 지극한 정성을 다함으로써 감응에 이르는 것이다. 감응이란 하늘이 사람에게 감동하여 응답하는 것이니, 사람이 감동할 만한 정성이 없는데 어찌 하늘이 감동할 것이며, 사람이 응답할 만한 정성이 없는데 어찌 하늘이 응답하겠는가. 정성이 지극하지 않으면 정성이 없는 것과 같고, 감동해도 응답이 없으면 감동하지 않은 것과 같다.

至感者는 以至誠으로 至於感應也라. 感應者는 天感人而應
지감자 이지성 지어감응야 감응자 천감인이응

之也니 人無可感之誠이면 天何感之며 人無可應之誠이면 天
지야 인무가감지성 천하감지 인무가응지성 천

何應之哉아. 誠而不克이면 與無誠同하고 感而不應이면 與不
하응지재 성이불극 여무성동 감이불응 여불

感無異니라.
감무이

第38事 誠5體32用

순천
順天

순천順天이란 하늘의 섭리에 순응하여 정성을 다하는 것이다. 하늘의 섭리를 알면서도 하늘의 섭리에 어긋나게 비는 사람들이 있고, 하늘의 섭리를 알지 못하면서 졸속하게 비는 사람들이 있으니, 이는 모두 감동을 그치게 하여 하늘의 응답을 받지 못한다. 만약 하늘의 응답을 받는 사람이라면 하늘의 섭리에 순응하여 거스르지 않을 것이며, 급하게 서둘지도 않을 것이다.

順天者는 順天理而爲誠也라. 知天理而逆禱者 或有之하며
순 천 자 순 천 리 이 위 성 야 지 천 리 이 역 도 자 혹 유 지

難天理而速禱者 亦有之하니 此는 皆止感而不受應也라. 若
난 천 리 이 속 도 자 역 유 지 차 개 지 감 이 불 수 응 야 약

受應者는 順天理而不逆하며 順天理而不速하니라.
수 응 자 순 천 리 이 불 역 순 천 리 이 불 속

第39事 誠5體33用

응천
應天

응천應天이란 하늘의 이치에 응답하여 정성을 키워가는 것을 말한다. 하늘이 근심과 어려움을 주더라도 달게 받아 어김없이 정성을 들이고, 하늘이 길하고 상서로운 것을 줄 때 도리어 두려워하고 정성을 게을리 하지 않아야 한다. 근심과 어려움이 돌아오는 것은 정성이 없기 때문이요, 길함과 상서로움이 따르는 것은 정성을 다함에 어긋나지 않았기 때문이다.

應天者는 應天理而養誠也라. 天授患難이라도 甘受而誠不違하며
응천자 응천리이양성야 천수환난 감수이성불위

天遺吉祥에 反懼而誠不怠하니 歸患難於無誠이요 屬吉祥
천유길상 반구이성불태 귀환난어무성 속길상

於非誠이라.
어비성

第40事 　　　　　　　　　　　　　　　　　　　　　　　　誠5體34用

청천
聽天

청천聽天이란 하늘의 명을 받들되, 정성을 다할 뿐 하늘의 감응을 기대하지 않는 것을 말한다. 나의 정성이 필시 하늘을 감응시키지 못했는데 어찌 하늘의 응답이 있겠는가. 하늘의 명을 받들어 정성을 다함에 있어 오래 하면 할수록 더욱 맑아지고, 부지런히 하면 할수록 더욱 고요해져서 도리어 그 정성이 어디에 있는지조차 알지 못하게 된다.

聽天者는 聽天命而不以誠待感應也라. 謂吾之誠이 必不至
청천자 　청천명이불이성대감응야 　위오지성 　필부지

於感矣라 有何所應哉아. 愈久愈淡하며 愈勤愈寂하여 還不知
어감의 　유하소응재 　유구유담 　유근유적 　환부지

誠在何邊이니라.
성재하변

第41事 # 낙천 誠5 體35用

樂天

낙천樂天이란 하늘의 뜻을 즐겁게 여기는 것을 말한다. 하늘의 뜻은 사람에게 지극히 공평하여 사사로움이 없으니, 나의 정성이 깊으면 하늘의 감응이 깊고, 나의 정성이 얕으면 하늘의 감응 또한 얕다. 스스로 하늘의 감응이 깊고 얕음을 아는 것은 곧 나의 정성이 깊고 얕음을 아는 것이다. 그러므로 정성을 더할수록 즐거움도 더해간다.

樂天者는 樂天之意也라. 天意於人에 至公無私하니 我之
낙천자 낙천지의야 천의어인 지공무사 아지

誠이 深則天之感이 深하고 我之誠이 淺則天之感이 亦淺하니
성 심즉천지감 심 아지성 천즉천지감 역천

自知天感之深淺이 知我誠之深淺이라. 故로 漸誠漸樂也니라.
자지천감지심천 지아성지심천 고 점성점락야

대천
待天

대천待天이란 정성이 지극한 사람에게 반드시 하늘의 감응이 있으리라 기대하는 것이다. 하늘의 감응을 마음 깊이 기다리지 않는 것은 곧 하늘을 믿는 정성이 모자라는 것이니, 기다림도 끝이 없고 정성도 끝이 없어야 한다. 비록 감응이 지나갔다 해도 스스로 하늘을 믿는 정성을 그치지 않아야 한다.

待天者는 待天必有感應於至誠之人也라. 無待天之深則無信天之誠이니 待之無限而誠亦無限하여 雖經感應이라도 自不已信天之誠也니라.

대천자 대천필유감응어지성지인야 무대천지심즉무신천지성 대지무한이성역무한 수경감응 자불이신천지성야

第43事 誠5體37用

대천
戴天

대천戴天이란 머리로 하늘을 받들어 이고 있는 것이다. 머리 위에 물건이 있으면 털끝만 한 무게라도 느낄 수가 있다. 하늘 받들기를 머리에 무거운 물건을 이고 있는 것처럼 한다면 감히 머리를 기울이거나 몸을 제멋대로 하지 못할 것이다. 하늘을 받들어 공경하기를 이와 같이 하면 그 정성된 뜻이 능히 하늘에 닿아 감응이 있을 것이다.

戴天者는 頭戴天也라. 有物在頭면 毫重可覺이라 戴天을 如
대천자 두대천야 유물재두 호중가각 대천 여

戴重物이면 不敢斜頭而縱身이니 敬戴如此면 其誠意能至
대중물 불감사두이종신 경대여차 기성의능지

於感應也니라.
어감응야

第44事 誠5體38用

도천
禱天

도천禱天이란 하늘에 기도하는 것이다. 기도하는 법을 알지 못하는 사람은 어려운 것은 기도하기도 어렵고 쉬운 것은 기도하기도 쉽다고 생각하지만, 기도하는 법을 아는 사람은 그렇지 않다. 쉬운 것은 기도하기 쉬운 줄 알기에 정성이 자신도 꿰뚫지 못하고, 어려운 것은 기도하기 어려운 줄 알기에 정성이 능히 하늘에 통한다.

禱天者는 禱于天也라. 不知禱者는 謂難者難禱하고 易者易禱나 知禱者는 不然이라. 易者는 知易禱故로 誠不徹己하고 難者는 知難禱故로 誠能徹天이니라.
도천자 도우천야 부지도자 위난자난도 이자이 도 지도자 불연 이자 지이도고 성불철기 난자 지난도고 성능철천

第45事 誠5體39用

시천
侍天

시천侍天이란 하늘을 믿고 의지하는 것이다. 작은 정성은 하늘을 의심하고, 보통 정성은 하늘을 믿으며, 지극한 정성은 하늘을 믿고 의지한다. 지극한 정성으로 세상을 살아가면 하늘이 반드시 도와 스스로 의지할 수 있게 되지만, 무릇 남다르게 위험한 일을 행하고 괴이한 것을 찾는다면 지극한 정성을 쏟아도 쓸모가 없다.

侍는 依侍天也라. 下誠은 疑天하고 中誠은 信天하고 大誠은
시 의시천야 하성 의천 중성 신천 대성

侍天하니 以至誠接世하면 天必庇佑하여 自有所依니 凡他
시천 이지성접세 천필비우 자유소의 범타

行險索怪於至誠에 何오.
행험색괴어지성 하

第46事

강천
講天

誠5體40用

강천講天이란 하늘의 도리를 말하는 것이다. 사람의 일이 순리를 따르면 하늘의 도와 화합하는 것이 되고, 사람의 일이 순리에 어긋나면 하늘의 도를 거스르는 것이 된다. 순리에 맞는 것과 역행하는 것을 알아서 하늘의 이치에 벗어나는 것은 거듭 생각하면서 하늘의 도를 말하고, 항상 두려워하고 삼가는 마음을 간직하면 그 정성 어린 뜻이 하늘을 감동시킨다.

講天者는 講天道也라. 人事順則天道和하고 人事逆則天道乖하니
강천자 강천도야 인사순즉천도화 인사역즉천도괴

知順知逆하여 乖之理者는 念念講天하고 恐懼謹愼하여
지순지역 괴지리자 염념강천 공구근신

不捨於心則 誠意乃至感天이니라.
불사어심즉 성의내지감천

第47事 誠6體

대효
大孝

대효大孝란 지극한 효도를 말한다. 한 사람의 효도가 능히 온 나라 사람들을 감동시키고 또한 천하의 사람들을 감동시키니, 천하에 지극한 정성이 아니면 어찌 이런 일이 가능하겠는가. 사람이 감동하면 하늘 또한 감동한다.

大孝者는 至孝也라. 一人之孝가 能感一國之人하고 又能感
대효자 지효야 일인지효 능감일국지인 우능감

天下之人하니 非天下之至誠이면 焉能至此리오 人感則天
천하지인 비천하지지성 언능지차 인감즉천

亦感之니라.
역감지

第48事 誠6體41用

안충
安衷

안安은 화평함이요 충衷은 마음이 정성을 다하는 것으로, 안충安衷이란 진실한 마음으로 화목한 것을 말한다. 사람의 자식이 되어 부모의 마음을 편안하게 하고, 부모의 마음을 기쁘게 하며, 부모의 마음을 안정되게 하고, 부모의 마음을 먼저 헤아려 행하면, 상서로운 구름이 집안을 감싸고 상서로운 기운이 하늘까지 뻗친다.

安은 和之也요 衷은 心曲也라. 爲人子而安父母之心하며 悅父母之心하며 定父母之心하며 先父母之心則 祥雲이 擁室하고 瑞氣亘霄니라.

쇄우
鎖憂

쇄鎖란 닫는 것이요, 우憂는 즐겁지 않은 일이다. 쇄우鎖憂란 근심스러운 일을 닫는다는 뜻으로 근심을 풀어 평안하게 하는 것을 말한다. 부모가 근심이 있으면 자식은 마땅히 근심을 풀어 화평하게 해드려야 한다. 근심을 안겨드린 뒤에 없애려는 것은 애당초 근심될 말이 부모의 귀에 들리지 않게 하는 것만 못하다. 부모님께 근심을 끼쳤다면 설령 힘이 부족하고 형편이 어렵더라도 정성을 다해 근심을 덜어드려야 한다.

鎖는 閉也요 憂는 不樂事也라. 父母有憂하면 子宜掃平이니
쇄 폐야 우 불락사야 부모유우 자의소평

與其憂有而後無로 莫若不登乎父母之聆聞이며 設有力不及
여기우유이후무 막약부등호부모지령문 설유력불급

하여 勢不追라도 惟至誠으로 得之니라.
세불추 유지성 득지

第50事

순지
順志

誠6體43用

순順은 평안함이고 지志는 참뜻으로, 순지順志란 뜻을 평안하게 한다는 말이다. 부모의 참뜻이 자식과 같지 않으니, 자식이 부모의 참뜻을 알지 못하면 부모는 뜻을 펴지 못한다. 비록 힘을 다해 집안을 즐겁게 해드려도 항상 평안치 못한 기운이 감돈다. 그러므로 큰 효도를 하는 사람은 마땅히 부모의 뜻을 따라야 한다.

順은 平也요 志는 志氣也라. 父母之志氣는 各自不同하니 子
순 평 야 지 지 기 야 부 모 지 지 기 각 자 부 동 자

不知父母之志氣則 父母不得志하여 雖窮身家之好娛라도 常
부 지 부 모 지 지 기 즉 부 모 부 득 지 수 궁 신 가 지 호 오 상

有不平之氣하니 故로 爲大孝者는 能順父母之志니라.
유 불 평 지 기 고 위 대 효 자 능 순 부 모 지 지

第51事 誠6 體44 用

양체
養體

양체養體란 부모의 몸을 돌보는 것이다. 부모의 몸이 건강하더라도 마땅히 돌봐드려야 하거늘 하물며 잔병이나 중병이 있을 때는 더 말할 나위가 없다. 잔병이 나면 성한 몸처럼 편안하게 해드리며, 중병은 남은 증세가 없도록 치료해 드린 뒤에야 가히 사람의 자식으로서 효도를 다하는 것이 된다.

養體者는 養父母之體也라. 父母之肢體가 在健康이라도 猶適
양체자 양부모지체야 부모지지체 재건강 유적

宜奉養이거늘 況或有殘疾하며 或有重疴乎아 使殘疾로 安如
의봉양 황혹유잔질 혹유중아호 사잔질 안여

完體하며 重疴로 無遺術然後에 可盡人子之孝矣니라.
완체 중아 무유술연후 가진인자지효의

第52事 誠6 體45 用

양구
養口

양구養口란 부모의 입맛에 맞게 음식을 봉양하는 것이다. 살림이 넉넉하여 진귀한 음식을 차려 올리더라도 남에게 맡기는 것은 봉양이 아니며, 가난하더라도 물고기를 잡고 나물을 뜯어다가 손수 음식을 장만하여 드리는 것이 참된 봉양이다. 이와 같이 봉양하지 않으면 부모의 식성을 알지 못하여 즐겨 드시는 것을 놓치게 되고, 식성에 맞게 음식을 만들지 못하여 아무리 산해진미를 차려 올린다 해도 식사가 만족스럽지 못하게 된다. 큰 효도를 하는 사람은 봉양할 줄을 알아서 다섯 가지 맛을 식성에 맞게 차려 올리고, 사철에 제철 아닌 음식을 장만해 올리니 실로 하늘이 감동한다.

養口者는 養父母之甘毳也라. 副而供珍羞之味라도 任人이면
양구자 양부모지감취야 부이공진수지미 임인

非養也며 貧而盡漁採之勞라도 自執養也니 不養則不知父母
비양야 빈이진어채지로 자집양야 불양즉부지부모

之食性하여 捨其所嗜하며 違其所調和之變하여 雖進水陸萬
지식성 사기소기 위기소조화지변 수진수륙만

種이라도 食猶不滿足也니라. 大孝者는 知養하여 五味隨性하고
종 식유불만족야 대효자 지양 오미수성

四時에 致非時物者는 實天感之니라.
사시 치비시물자 실천감지

第53事

신명
迅命

誠6體46用

신迅은 빠른 것이고 명命은 부모의 명으로, 신명迅命이란 부모의 명을 자식이 신속하게 받들어 행하는 것을 말한다. 부모의 말씀이 있으면 자식은 반드시 이를 받들어 행해야 한다. 그러나 부모의 말씀은 항상 인자하고 사랑스러움에서 비롯되므로 그 자애로움 속에 엄하게 분부하고 독촉하지 않는다 하여 자식이 일의 선후를 어기거나 완급을 적당하게 하지 못하면, 비록 입으로 말하지는 않으나 부모의 생각이 달라진다. 그러므로 큰 효도는 부모의 명을 남김없이 받들어 행하는 것이다.

迅은 速也요 命은 父母之命也라. 父母有命이면 子必奉行이라.
신 속야 명 부모지명야 부모유명 자필봉행

然이나 父母之命은 是慈愛之命故로 嚴托督囑이 未有於慈
연 부모지명 시자애지명고 엄탁독촉 미유어자

愛之間이니 若先後相左하여 緩急이 失當이면 口雖不言이나
애지간 약선후상좌 완급 실당 구수불언

意思則新이라 是以로 大孝는 隨命無遺니라.
의사즉신 시이 대효 수명무유

第54事

망형
忘形

誠6體47用

망형忘形이란 자신의 몸을 잊는 것을 말한다. 자식이 부모를 섬기는 데 감히 자기 몸을 사리지 않는 것이 부모의 은혜에 깊이 보답하는 것이다. 다만 자기의 몸을 사리지 않아야 함을 알고 있음에도 자신의 몸을 잊지 못하는 것은, 도리어 자신의 몸을 아끼는 것이 된다. 큰 효자는 부모가 살아계실 때는 자기 몸을 잊어버리고, 부모가 돌아가신 뒤에라야 비로소 자기 몸이 있음을 깨닫기 시작한다.

忘形者는 忘身形也라. 子事父母하되 不敢有其身者는 重報
망형자 망신형야 자사부모 불감유기신자 중보

父母之恩也라. 只認之하되 不敢有其身하면서 無忘自己之身
부모지은야 지인지 불감유기신 무망자기지신

形者는 還有其身也라. 大孝者는 父母在世에 頓忘其身하고
형자 환유기신야 대효자 부모재세 돈망기신

父母歿後에 始覺有其身이니라.
부모몰후 시각유기신

제 2 강령

신信

제2강령 신信 제55사 5단團 35부部

제1단	**의義**	**제56사**
제1부	정직正直	제57사
제2부	공렴公廉	제58사
제3부	석절惜節	제59사
제4부	불이不貳	제60사
제5부	무친無親	제61사
제6부	사기捨己	제62사
제7부	허광虛誑	제63사
제8부	불우不尤	제64사
제9부	체담替擔	제65사
제2단	**약約**	**제66사**
제10부	천실踐實	제67사
제11부	지중知中	제68사
제12부	속단續斷	제69사
제13부	배망排忙	제70사
제14부	중시重視	제71사
제15부	천패天敗	제72사
제16부	재아在我	제73사
제17부	촌적忖適	제74사
제18부	하회何悔	제75사
제19부	찰합拶合	제76사
제3단	**충忠**	**제77사**
제20부	패정佩政	제78사
제21부	담중擔重	제79사
제22부	영명榮命	제80사
제23부	안민安民	제81사
제24부	망가忘家	제82사
제25부	무신無身	제83사
제4단	**열烈**	**제84사**
제26부	빈우賓遇	제85사
제27부	육친育親	제86사
제28부	사고嗣孤	제87사
제29부	고정固貞	제88사
제30부	일구昵仇	제89사
제31부	멸신滅身	제90사
제5단	**순循**	**제91사**
제32부	사시四時	제92사
제33부	일월日月	제93사
제34부	덕망德望	제94사
제35부	무극無極	제95사

신
信

믿음이란 하늘의 이치에 반드시 부합하는 것이요, 사람의 일을 반드시 이루게 하는 것이니, 여기에는 다섯 가지 단團과 서른다섯 가지 부部가 있다.

信者는 天理之必合이요 人事之必成이니 有五團三十五部
신자 천리지필합 인사지필성 유오단삼십오부

니라.

의
義

의義는 큰 믿음에 부응하여 믿음을 굳게 다져주는 기운이다. 그 기운은 마음을 감동시켜 용기를 일으키며, 용기 있게 일에 임하게 하고, 마음을 굳게 다지게 하여 벼락이 내리쳐도 그 기운을 깨뜨리지 못한다. 그 기운은 금석金石보다 굳세고 단단하며, 큰 강물이 흐르는 것보다 더 생명력이 넘친다.

義는 粗信而孚應之氣也라. 其爲氣也 感發而起勇하며 勇定
의 조신이부응지기야 기위기야 감발이기용 용정

而立事하여 牢鎖心關하니 霹靂도 莫破하여 堅剛乎金石하고
이입사 뇌쇄심관 벽력 막파 견강호금석

決瀉乎江河니라.
결사호강하

정직
正直

바르면 사사로움이 없고 곧으면 굽음이 없으니, 정직正直이란 사사로움이 없고 굽음이 없는 것을 말한다. 무릇 의로움이란 뜻을 바르게 갖고 일을 곧게 처리하여 그 사이에 사사로움과 굽음이 없기 때문에, 차라리 일을 이루지 못할지언정 남에게 믿음을 잃지는 않는다.

正則無私요 直則無曲也라. 夫義는 以正秉志하며 以直處事하여
정즉무사 직즉무곡야 부의 이정병지 이직처사

無私曲於其間 故로 寧事不成이언정 未有失信於人이니라.
무사곡어기간 고 영사불성 미유실신어인

第58事 信1團2部

공렴
公廉

공公은 치우치지 않음이고 염廉은 깨끗함으로, 공렴公廉이란 어느 한쪽에 치우치지 않고 깨끗한 것을 말한다. 어느 한쪽에 치우치지 않고 일을 보게 되면 사랑도 미움도 없고, 깨끗한 마음으로 사물을 대하면 사리사욕도 없어지니 이렇듯 사랑과 미움이 없으면 사람들이 그 의로움을 따르고, 사리사욕이 없으면 사람들이 그 결백함을 믿는다.

公은 不偏也요 廉은 潔也라. 公以視事면 無愛憎하고 廉以接
공 불편야 렴 결야 공이시사 무애증 염이접

物이면 無利慾이니, 無愛憎이면 人服其義하고 無利慾이면 人
물 무이욕 무애증 인복기의 무이욕 인

信其潔이니라.
신기결

석절
惜節

석절惜節이란 절개를 지키는 것을 말한다. 사람에게 의義가 있음은 마치 대나무에 마디가 있는 것과 같다. 대나무가 불에 타면 마디에서 소리가 나고, 몸체는 재가 되나 마디는 재가 되지 않으니, 사람의 의로움이 어찌 이와 다르겠는가. 사람이 절개를 소중히 여기는 것은 그 절개가 무너져 세상의 믿음을 잃을까 두려워해서다.

人之有義는 猶竹之有節也라. 竹焚則節有聲하고 身灰而節不灰하니 義何異哉아 人之惜節者는 恐其壞節而不取信於名界也라.
인지유의 유죽지유절야 죽분즉절유성 신회이절불회 의하이재 인지석절자 공기괴절이불취신어명계야

第60事 信1團4部

불이
不貳

불이不貳는 사람에게 두 가지 마음을 갖지 않는 것이다. 흐르는 물은 한 번 가면 다시 돌아오지 않으며, 의리 있는 사람은 한 번 마음을 허락하면 다시 고치지 않는다. 그러므로 끝마무리도 중요하지만 그 시작도 중요하다.

不貳者는 不貳於人也라. 流水는 一去而不返하고 義人은 一
불이자 불이어인야 유수 일거이불반 의인 일

諾而不改라. 故로 不重其克終이리오마는 重其有始니라.
락이불개 고 부중기극종 중기유시

무친
無親

친親은 일가친척이나 가까운 사람으로, 무친無親이란 친함과 친하지 않음을 가리지 않는 것을 말한다. 의로움은 친하다고 하여 가까이 하고 소원하다고 하여 배척하지 않는다. 의로움이 있으면 비록 소원하게 지내더라도 반드시 화합하고, 의롭지 못하면 비록 친하더라도 반드시 버린다.

親은 親屬及親近也라. 義는 無昵親斥疎니 義則雖疎必合하고
친　친속급친근야　의　무닐친척소　의즉수소필합

不義則雖親必棄니라.
불의즉수친필기

第62事 信1團6部

사기
捨己

사기捨己란 자기 몸을 분별하지 않고 버림으로써 의리를 지킨다는 말이다. 이미 남에게 마음을 허락하고 이로 인하여 환란을 겪게 되면 몸과 의리 모두를 보전할 수 없다. 이때 뭇사람들은 의리를 버리고 몸을 보전하지만, 깨달은 이는 자기 몸을 버리고 의로움을 지킨다.

捨己者(사기자)는 不分其身也(불분기신야)라. 既許心於人(기허심어인)하고 仍蹈患難(잉도환난)이면 身義(신의)를 不可俱全(불가구전)이니 衆人(중인)은 捨義而全身(사의이전신)하고 哲人(철인)은 捨身而全義(사신이전의)니라.

第63事 信1團7部

허광
虛誑

허광虛誑은 빈말로 남을 속이는 것이다. 바른 사람이 나를 믿으니 나 또한 그 사람을 믿으며, 바른 사람이 나를 의롭게 하니 나 또한 그 사람을 의롭게 한다. 바른 사람에게 어려움이 있으니 내가 마땅히 그를 구할 것이나, 속이는 것은 아닐지라도 치우친 말을 하여 일을 이루려 함은 옳지 않다. 작은 절개를 버리더라도 신의를 지키는 것은 허물이 아니다.

虛誑者는 虛言誑人也라. 正人信我에 我亦信其人하며 正人
허광자 허언광인야 정인신아 아역신기인 정인

義我에 我亦義其人하며 正人有難에 我當救之나 非誑이라도
의아 아역의기인 정인유난 아당구지 비광

不可用片言成之니 棄小節而全信義者는 哲人不咎焉이니라.
불가용편언성지 기소절이전신의자 철인불구언

第64事 信1團8部

불우
不尤

불우不尤란 남을 탓하지 않는 것이다. 의로운 사람은 스스로 중심을 바르게 잡아 마음을 결정하고 일을 해 나가니, 길하고 흉하고 성공하고 실패하는 것이 남의 탓이 아니다. 비록 잘못되었다 할지라도 남을 원망하지 않으며, 비록 실패한다 해도 남을 탓하지 않는다.

不尤者란 不尤人也라. 義者는 自執中正하여 決心就事하니
불우자 불우인야 의자 자집중정 결심취사

伊吉伊凶과 乃成乃敗는 不關於人也니라. 雖凶이나 不怨人
이길이흉 내성내패 불관어인야 수흉 불원인

하며 雖敗나 不尤人이니라.
수패 불우인

第65事　　信1團9部

체담
替擔

체담替擔이란 남을 위해 근심을 떠맡는 것이다. 착한 사람은 원통함이 있어도 스스로 풀지 못하며, 바른 사람은 위급한 일에 처해도 스스로 해결하지 못하니 밝은이가 이를 딱하게 여겨 근심을 떠맡는 것이 바로 의로움이다.

替擔者는 爲人擔憂也라. 善人有寃하되 自不能伸하며 正人有
체담자　위인담우야　선인유원　자불능신　정인유

急하되 自不能救하니 哲人이 憫焉而擔憂者는 義也니라.
급　자불능구　철인　민언이담우자　의야

第66事 信2團

약
約

약約은 믿음의 좋은 중매쟁이이고, 믿음의 엄한 스승이며, 믿음이 생겨나는 근원이고, 믿음의 신령한 넋이다. 중매쟁이가 없으면 합하지 못하고, 스승이 아니면 꾸짖지 못하며, 근원이 없으면 흐르지 못하고, 넋이 아니면 생겨나지 못한다.

約者는 信之良媒요 信之嚴師요 信之發源이요 信之靈魄也라.
약자 신지양매 신지엄사 신지발원 신지영백야

非媒不合하고 非師不責하며 非源不流하고 非魄不生이니라.
비매불합 비사불책 비원불류 비백불생

第67事 信2團 10部

천실
踐實

천실踐實이란 약속과 같은 것이다. 시일에 맞게 일을 깨끗하게 마치면, 어긋남도 없고 그릇됨도 없으며 참소하는 흉한 일도 없다.

踐實者는 如約也라. 合奔時日하고 完淸事物이면 無參差하고
천 실 자 여 약 야 합 분 시 일 완 청 사 물 무 참 차

無錯誤하며 無讒凶이니라.
무 착 오 무 참 흉

第68事 信2團11部

지중
知中

지중知中이란 중도中道(치우치지 않는 바른 도리)를 안다는 뜻으로, 약속을 이행함에 중도를 지킬 줄 아는 것을 말한다. 이미 약속해 놓고 이간을 당해 그치거나, 고통스럽게 여겨 그치거나, 형편이 달라져서 그치거나, 헛된 소식을 듣고 그치는 것은 모두 중도가 아니다. 그러므로 아는 사람은 스스로를 경계한다.

知中者는 知就約하여 有中道也라. 既約而被間而止하며 厭苦而止하며 推移而止하며 聞虛信而止는 皆非中道也라. 故로 知者自戒니라.
(지중자 지취약 유중도야 기약이피간이지 염고이지 추이이지 문허신이지 개비중도야 고 지자자계)

속단
續斷

속단續斷이란 장차 끊어질 약속을 잇는 것이다. 바르고 큰 약속이 이루어짐에 간사한 사람이 방해하고 희롱하면, 마음이 한쪽으로 치우쳐 의심을 품게 되어 장차 약속이 끊어지기에 이르니, 밝은이는 정성과 믿음으로 유혹을 풀고 깨우쳐 혼연히 처음 약속으로 돌아간다.

續斷者는 續將斷之約也라. 正大成約에 奸人이 沮戲하고 偏
속단자　속장단지약야　정대성약　간인　저희　편

方懷疑하여 將至斷約이니 哲人은 誠信解諭하여 渾然復初니라.
방회의　장지단약　철인　성신해유　혼연복초

第70事 信2團13部

배망
排忙

배망排忙이란 매우 바쁘고 분주한 것을 물리치고 초연히 약속한 바를 따르는 것을 말한다. 사람이 믿음으로 성품을 지키면 일에 질서가 있고, 이치에 어긋남이 없으며, 자신이 바쁘다는 이유로 약속을 어기는 일이 없다. 혹 생각에 막힘이 있더라도 달이 구름을 뚫고 지나가는 것과 같아서, 믿음이 적은 사람도 어려움을 겪은 후에 약속을 지키게 된다.

排忙者는 排擱奔忙而超然趁約也라. 人이 以信守性則事有
배망자 배각분망이초연진약야 인 이신수성즉사유

倫次하고 理無違背하여 自無由奔忙而失約하고 或想襮有障
윤차 이무위배 자무유분망이실약 혹상박유장

則如月穿行雲하여 少信者는 困後成之니라.
즉여월천행운 소신자 곤후성지

第71事 信2團14部

중시
重視

중시重視란 보고 또 보는 것이다. 약속을 할 때는 귀중한 보물을 감상하듯이 살피고 또 살펴야 한다. 장차 할 약속은 영靈으로 보고, 이미 한 약속은 마음으로 보며, 기약이 임박해서는 기운으로 본다.

重視者는 視之又視也라. 視約을 如玩重寶하여 察之又察하고
중 시 자 　 시 지 우 시 야 　 시 약 　 여 완 중 보 　 찰 지 우 찰

將約에 視之於靈하며 旣約에 視之於心하며 臨期에 視之於
장 약 　 시 지 어 령 　 기 약 　 시 지 어 심 　 임 기 　 시 지 어

氣니라.
기

第72事 信2團15部

천패
天敗

천패天敗란 사람이 약속을 파하는 것이 아니라 하늘이 약속을 깨뜨리는 것이다. 하늘이 약속을 깨뜨림으로 인해 이미 약속한 것을 지키지 못했다면 이를 하늘에 맡겨야 할 것인가, 아니면 하늘에 고하고 다시 할 것인가. 큰 약속은 하늘에 맡기고, 작은 약속은 하늘에 고해야 한다.

天敗者는 非人罷約이요 天敗約也라. 由之天敗하여 約既不完이면
천패자 비인파약 천패약야 유지천패 약기불완

聽諸天而已乎아 告諸天復乎아. 大約은 聽天하고 小約은
청제천이이호 고제천부호 대약 청천 소약

告天이니라.
고천

第73事 信2團16部

재아
在我

재아在我란 약속을 이루는 것도 나에게 달려 있고, 약속한 대로 이루지 못하는 것도 나에게 달려 있다는 말이다. 어찌 남이 권한다고 이루고 남이 헐뜯는다고 그칠 것인가. 권고를 받아들이지 않은 것도 나에게 있고, 헐뜯는 것을 믿지 않은 것 역시 나에게 있으니, 그것을 안 후에야 믿음의 힘이 크다는 사실을 알게 된다.

約之成도 在我하고 約之不成도 在我也라. 豈須人勸而成이며
약지성 재아 약지불성 재아야 기수인권이성

人讒而止哉아 不被勸도 在我하고 不信讒도 亦在我하니
인참이지재 불피권 재아 불신참 역재아

然後에 知信力之大니라.
연후 지신력지대

第74事 信2團17部

촌적
忖適

촌忖은 헤아리는 것이고 적適은 마땅함으로, 촌적忖適이란 바른 판단으로 헤아린다는 말이다. 추운데 더움을 약속하지 못하고, 약한데 강함을 약속하지 못하며, 소원한데 친근함을 약속하지 못하고, 가난한데 부유함을 약속하지 못한다. 비록 춥고 약하고 소원하고 가난하다 할지라도 능히 덥고 강하고 친하고 부유함을 약속하고 지킬 수 있는 것은, 그 믿음과 정성이 서로 믿고 의지할 수 있기 때문이다.

忖은 度也요 適은 宜也라. 寒不可以約熱이요 弱不可以約强이요
촌 탁야 적 의야 한불가이약열 약불가이약강

疎不可以約親이요 貧不可以約富니라. 雖寒弱疎貧이라도 能完
소불가이약친 빈불가이약부 수한약소빈 능완

約於熱强親富者는 忖其信慤之相適也라.
약어열강친부자 촌기신각지상적야

第75事 信2團18部

하회
何悔

하회何悔란 뒤늦게 후회하는 것을 말한다. 이로움을 좇아서 약속을 어기면 비록 이로움은 있을지라도 믿음은 없으며, 사랑을 꾀하여 약속을 어기면 비록 사랑은 있을지라도 믿음은 없다. 이미 믿음이 없으면 이로움도 이루지 못하고 사랑 또한 얻지 못하니 장차 후회하게 된다.

向利背約則雖利나 無信하고 謀愛背約則雖愛無信이니 既
향리배약즉수리 무신 모애배약즉수애무신 기

無信矣면 利或不成하며 愛亦不得이니 將悔焉이니라.
무신의 이혹불성 애역부득 장회언

찰합
揷合

찰합揷合이란 평평한 나무로 만든 가구가 서로 딱 들어맞는 것이다. 한 사람이 믿음을 높이면 한 나라가 믿음을 우러러 보게 되고, 한 사람이 믿음을 세우면 천하가 믿음으로 나아간다. 큰 약속은 꼭 들어맞는 찰합과 같아서 한 방울의 물도 새어 나가지 못하고 아주 작은 먼지도 끼어들지 못한다.

揷合者는 平木之具 相合也니라. 一人이 崇信이면 一國이 景信하고
찰합자 평목지구상합야 일인 숭신 일국 경신

一人이 立信하면 天下就信하나니 大約은 如揷合하여 點水
일인 입신 천하취신 대약 여찰합 점수

不能渝하고 纖芥不能容이니라.
불능투 섬개불능용

第77事 信3團

충
忠

충忠이란 임금이 자기를 알아주는 뜻을 받들어 정성을 다하고, 도학을 깊이 연구하여 하늘의 섭리에 따라 임금에게 보답하는 것이다.

忠者는 感君知己之義하여 盡誠意하고 窮道學하여 以天理로
충자 감군지기지의 진성의 궁도학 이천리

事君而報答也니라.
사군이보답야

第78事 信3團20部

패정
佩政

패정佩政이란 정사政事를 다스리는 것이다. 임금이 신하를 믿고 나라 일을 맡기면 신하는 임금을 대신하여 정치를 하되, 뛰어난 인재를 찾아 천거하여 등용하고, 자신보다 지혜로운 이가 있으면 간곡히 말씀드려 자리를 교체해야 한다.

佩政者는 爲政也라. 君이 信臣而任政하면 臣은 代君而爲
패정자 위정야 군 신신이임정 신 대군이위

政하여 求俊乂而進用하고 有賢於己者則苦諫而替任이니라.
정 구준예이진용 유현어기자즉고간이체임

第79事 信3團21部

담중
擔重

담중擔重이란 중대한 일을 맡는 것이다. 나라에 큰 일이 있어서 자신이 국가의 안전과 위급을 담당하는 직책을 맡고 있으면, 주판으로 셈을 하듯 세상 돌아가는 기운과 운수를 잘 살펴 순역順逆의 이치에 맞추어 운용하고, 재주와 지혜를 다하여 번성하고 쇠퇴하는 도리를 알아야 한다.

擔重者는 擔負重事也라. 國有大事에 身在當職하여 安危攸
담 중 자 담 부 중 사 야 국 유 대 사 신 재 당 직 안 위 유

係니 籌算氣數하여 運順逆之理하고 殫竭才智하여 知盛衰之
계 주 산 기 수 운 순 역 지 리 탄 갈 재 지 지 성 쇠 지

道니라.
도

第80事 # 영명 信3團22部

榮命

영명榮命이란 임금의 명령을 빛내는 것이다. 국빈을 맞이할 때에는 편안하고 부드럽게 대하며, 국외에 나가서는 잘 판단하여 대응하고, 충성된 마음을 태양처럼 빛나게 하여 서릿발 같은 기상으로 임금의 명을 온 천하에 드날리게 해야 한다.

榮命者(영명자)는 榮君命也(영군명야)라. 迎賓懷柔(영빈회유)하고 出境辨捍(출경변한)하며 丹心炳日(단심병일)하여 氣如霜雪(기여상설)하고 使君命(사군명)으로 振揚於瀛漠(진양어영막)이니라.

第81事　　　　信3團23部

안민
安民

안민安民이란 국민이 편안하도록 아무 일도 없게 하는 것이다. 임금이 자기를 믿어주는 그 뜻을 지켜 백성에게 도덕을 펴고 교화를 행하여, 백성들이 일에 힘쓰고 배움을 장려하게 하면 온 나라가 평안하게 된다.

安民者는 安國民無事也라. 守君信己之義하고 布道德於民
안민자　안국민무사야　수군신기지의　포도덕어민

하며 行教化於民하여 勉業奬學이면 四境이 晏然이니라.
행교화어민　면업장학　사경　안연

第82事　　信3團24部

망가
忘家

망가忘家란 나라 일을 함에 있어 사사로운 집안일에 얽매이지 않는 것을 말한다. 지혜로운 이가 있으면 임금에게 천거하여 집안에 머물러 있지 않게 하며, 재물이 있으면 공익에 보태어 사사로이 경영하지 말 것이며, 인재가 아니면 친척이라도 천거하지 말고, 임금이 임무를 맡길지라도 받아서는 안 된다.

有賢이면 薦君而不留家하고 有財면 補公而不營私하며 非才면
유현 천군이불류가 유재 보공이불영사 비재

不擧親戚하고 君賜라도 不受니라.
불거친척 군사 불수

第83事 信3團25部

무신
無身

무신無身이란 자신의 몸을 나라를 위해 바쳤기 때문에 그 몸이 사사로이 있지 않은 것이다. 나라의 명이 있으면 괴로워도 기꺼이 행하고, 나라가 안정되고 평화로울지라도 나라와 백성을 근심하는 마음을 버리지 않아야 한다. 마음이 굳세니 장함이 점점 쇠하는 것도 알지 못하고, 마음이 늙지 않으니 장차 늙음이 찾아오는 것조차 알지 못한다.

無身者는 許身於君하여 不知有其身也라. 君이 有命則不辭
무신자 허신어군 부지유기신야 군 유명즉불사

辛苦하고 在安樂이라도 亦不忘憂하여 心壯에 不知壯之漸衰
신고 재안락 역불망우 심장 부지장지점쇠

하고 心不老하여 不知老之將至니라.
심불로 부지노지장지

열
烈

열烈이란 정절을 굳게 지키는 부부를 말한다. 부부는 서로에게 절개를 지키며 목숨을 이어가기도 하고 생명을 버리기도 한다. 그리고 초혼이든 재혼이든 그 도리는 믿음이다.

烈은 烈夫婦也라. 烈夫婦는 節于其夫婦하여 有延命者하며
열 열부부야 열부부 절우기부부 유연명자

有捐生者하니 或於初適하며 或於再嫁하여도 其道는 信也니라.
유연생자 혹어초적 혹어재가 기도 신야

第85事 信4團26部

빈우
賓遇

빈우賓遇란 부부가 서로를 대할 때 손님을 모시듯 공경하는 것이다. 가난하고 천하더라도 더욱 사랑하고, 늙어갈수록 더욱 공손히 하며, 자녀가 집안에 가득하더라도 음식을 손수 장만하여 제공한다.

賓遇者는 婦敬夫以賓禮라. 貧賤而愈愛하고 老去而愈恭하며
빈우자 부경부이빈례 빈천이유애 노거이유공

子女滿堂이라도 猶親供其飮食이니라.
자녀만당 유친공기음식

第86事 信4圍27部

육친
育親

육친育親이란 자식 없는 어버이를 봉양하는 것이다. 철석같이 믿고 백년해로를 기약했던 배우자가 세상을 떠나면 혼자 살고 싶지 않더라도, 늙은 어버이를 봉양하기 위해서 배우자의 몸을 대신하여 살아야 한다.

育親者는 養無子之親也라. 金石信約하여 夫歿이면 不欲獨存
육친자 양무자지친야 금석신약 부몰 불욕독존

하되 爲養老至親하여 生代夫身이니라.
위양로지친 생대부신

第87事 信4團28部

사고
嗣孤

사고嗣孤란 외롭게 잇는다는 의미로, 유복자를 잘 키워 남편의 뒤를 잇게 하는 것이다. 인륜은 대를 잇는 것보다 더 중요한 것이 없고, 믿음은 유복자를 잘 키우는 것보다 큰 것이 없다. 그러므로 사람의 도리로 인륜과 믿음을 지켜나가는 것이 하늘의 법도를 따르는 것이다.

嗣孤者는 保遺胎하여 嗣夫後也라. 倫莫重於嗣後하고 信莫大
사고자 보유태 사부후야 윤막중어사후 신막대

於保孤라 故로 捨人事之倫義하고 從天理之正經이니라.
어보고 고 사인사지윤의 종천리지정경

고정
固貞

고정固貞이란 마음을 굳게 지키는 것으로, 그 마음을 굳게 하여 흔들림이 없고, 그 절개를 곧게 하여 옮기지 않으며, 한결같은 마음으로 그 배우자만을 믿어, 쓸데없이 세상일에 눈을 돌리지 않으며, 자녀의 말에도 흔들리지 않는 것이다.

固貞者는 固其心하여 無轉回하고 貞其節하여 無移動하며 斷
고정자 고기심 무전회 정기절 무이동 단

斷一念이 信乎其夫하여 目不見産業하고 耳不聞子女니라.
단일념 신호기부 목불견산업 이불문자녀

第89事 信4團30部

일구
昵仇

일구昵仇란 원한을 풀어주는 것으로, 배우자가 원한을 품고 세상을 떠나면 남은 배우자가 마땅히 그 원한을 풀어주는 것이다. 원수가 스스로 찾아오니 그 일이 머지않아 구구한 방도를 내게 될 것이나, 밝은이는 이를 불쌍히 여긴다. 다시 말해 원수는 풀어야 할 숙제가 있어서 만나게 되어 있고, 구구한 방도가 논의되어 그치게 될 것이나, 밝은이는 이를 탓하지 않고 오히려 불쌍히 여기니, 일구는 결국 원수를 용서하고 사랑함으로써 원한을 풀어준다는 말이다.

昵仇者는 夫帶寃而逝면 婦宜報雪이니 仇人이 自來하여 其事
일구자 부대원이서 부의보설 구인 자래 기사

不遠하여 區區成道해도 哲人憐之니라.
불원 구구성도 철인련지

第90事　　信4團31部

멸신
滅身

멸신滅身이란 영혼이 되어 남편(아내)의 영혼을 뒤따르고자 하여 육신을 버리는 것으로, 해그림자의 시간만큼도 육신이 세상에 머무르지 않는다. 육신으로는 죽은 남편(아내)의 영혼과 만날 수 없지만, 영혼은 가히 영혼과 짝을 이룰 수 있으므로 속히 영혼이 되어 남편(아내)의 영혼을 뒤따르기를 염원하는 것이다.

滅身者는 晷刻之間에 不存身於世也라. 肉身은 不可與靈魂
멸신자 구각지간 부존신어세야 육신 불가여영혼

相接이나 靈魂은 可與靈魂成雙이니 速做靈魂하여 願隨夫
상접 영혼 가여영혼성쌍 속주영혼 원수부

靈魂이니라.
영혼

第91事 信5團

순
循

순循이란 형상이 있는 하늘이 돌고 도는 것을 말한다. 형상이 있는 하늘은 일정한 수에 따라 윤회하므로 어김이 없다. 그러므로 사람은 하늘을 우러러보아 천재지변을 살피고, 믿지 않음을 스스로 경계해야 한다.

循은 有形之天之輪回也라. 有形之天은 輪回有定數而無違
순 유형지천지윤회야 유형지천 윤회유정수이무위

하니 故로 人이 瞻仰하여 察災異하고 自戒不信이니라.
고 인 첨앙 찰재이 자계불신

사시
四時

사시四時란 봄 여름 가을 겨울을 말한다. 봄 여름 가을 겨울이 있어 차례대로 기후가 바뀌면서 모든 생물은 결실의 공을 거두어 들인다. 사람도 사계절의 순환을 믿고 생업을 하는데 바다와 육지에서 교역하면서 사시를 따르면 귀하고 이롭게 되며, 따르지 않으면 천하게 되고 손해를 입는다.

四時者는 春夏秋冬也라. 春夏秋冬이 次序有氣候하여 生物
사시자 춘하추동야 춘하추동 차서유기후 생물

收功하니 信之爲業하여 海陸交易에 貴賤利害니라.
수공 신지위업 해륙교역 귀천이해

第93事 信5團33部

일월
日月

일월日月이란 한결같은 해와 달의 운행처럼 사람의 믿음도 추호의 어김도 없어야 한다는 말이다. 해가 뜨면 낮이 되고, 달이 뜨면 밤이 되며, 양이 가면 음이 오고, 음이 다하면 양이 생겨나는 것이 털끝만큼도 어김이 없다. 이것이 하늘의 믿음이니 사람의 믿음도 하늘의 믿음과 같아야 가히 밝은 이의 믿음이라 할 수 있다.

日爲晝하고 月爲夜하며 陽去陰來하고 陰盡陽生하여 分毫不
일위주 월위야 양거음래 음진양생 분호불

差라. 此天之信也니 人之信도 如天之信然後에 可謂哲人之
차 차천지신야 인지신 여천지신연후 가위철인지

信也니라.
신야

第94事 信5團34部

덕망
德望

덕德은 하늘의 성스러운 덕이고 망望은 사람이 우러러보는 것으로, 덕망德望이란 성스러운 덕을 우러르는 것을 말한다. 성스러운 덕은 소리가 없으나 그 덕이 미치는 곳마다 사람들이 우러러보게 되니, 이것은 하늘의 윤회가 소리는 없으나 다하는 곳마다 만물이 빛을 내는 것과 같다. 성스러운 덕은 사람들이 우러러보지 않을 수 없고, 하늘의 윤회가 미치는 곳에 만물이 빛을 내지 않을 수 없으니, 이는 사람의 믿음이 하늘의 믿음과 같기 때문이다.

德은 聖德也요 望은 人望也라. 聖德은 無聲而所及處에 有人
덕 성덕야 망 인망야 성덕 무성이소급처 유인

望하여 如天之輪回無聲而所盡處에 有物色也라. 德無不望
망 여천지윤회무성이소진처 유물색야 덕무불망

이요 輪無不色이니 此人之信이 如天之信이니라.
윤무불색 차인지신 여천지신

무극
無極

무극無極이란 두루 돌아서 처음으로 되돌아오는 원기元氣이다. 잠시라도 이 기운이 그치거나 쉬는 일이 있으면 하늘의 섭리가 흐트러지고 마니, 사람이 믿음을 기르는 것도 무극의 원기와 다름이 없어서 털끝만큼이라도 그치거나 쉬면 사람의 도리가 무너지고 만다.

無極者는 周而復始之元氣也라. 如有止息이면 天理乃滅이니
무극자 주이복시지원기야 여유지식 천리내멸

人之養信도 亦如無極之元氣라 斷若容髮이면 人道廢焉이니라.
인지양신 역여무극지원기 단약용발 인도폐언

제 3 강령

애愛

제3강령 애愛 제96사 6범範 43위圍

제1범	**서恕**	**제97사**
제1위	유아幼我	제98사
제2위	사시似是	제99사
제3위	기오旣誤	제100사
제4위	장실將失	제101사
제5위	심적心蹟	제102사
제6위	유정由情	제103사
제2범	**용容**	**제104사**
제7위	고연固然	제105사
제8위	정외情外	제106사
제9위	면고免故	제107사
제10위	전매全昧	제108사
제11위	반정半程	제109사
제12위	안념安念	제110사
제13위	완급緩急	제111사
제3범	**시施**	**제112사**
제14위	원희原喜	제113사
제15위	인간認懇	제114사
제16위	긍발矜發	제115사
제17위	공반公頒	제116사
제18위	편허偏許	제117사
제19위	균련均憐	제118사
제20위	후박厚薄	제119사
제21위	부혼付混	제120사

제4범	**육育**	**제121사**
제22위	도업導業	제122사
제23위	보산保產	제123사
제24위	장근奬勤	제124사
제25위	경타警墮	제125사
제26위	정로定老	제126사
제27위	배유培幼	제127사
제28위	권섬勸贍	제128사
제29위	관학灌涸	제129사
제5범	**교敎**	**제130사**
제30위	고부顧賦	제131사
제31위	양성養性	제132사
제32위	수신修身	제133사
제33위	주륜湊倫	제134사
제34위	불기不棄	제135사
제35위	물택勿擇	제136사
제36위	달면達勉	제137사
제37위	역수力收	제138사
제6범	**대待**	**제139사**
제38위	미형未形	제140사
제39위	생아生芽	제141사
제40위	관수寬邃	제142사
제41위	온양穩養	제143사
제42위	극종克終	제144사
제43위	전탁傳托	제145사

애
愛

사랑이란 자비로운 마음에서 자연히 우러나는 것으로, 어진 성품의 근본 바탕이니 여섯 가지 범範과 마흔세 가지 위圍가 있다.

愛者는 慈心之自然이요 仁性之本質이니 有六範四十三圍니라.
애자 자심지자연 인성지본질 유육범사십삼위

서
恕

용서는 사랑에서 비롯하며, 자비로운 마음에서 일어나고, 어진 마음에서 머물러, 참지 못하는 것을 돌이켜 참게 하는 것이다.

恕는 由於愛하며 起於慈하며 定於仁하여 歸於不忍이니라.
서 유어애 기어자 정어인 귀어불인

유아
幼我

유아幼我란 남을 나처럼 생각하는 것이다. 내가 춥고 더우면 남도 역시 춥고 더우며, 내가 배고프면 남도 역시 배가 고프고, 내가 어찌할 수 없으면 남도 역시 어찌할 수 없는 것이다.

幼我者는 推人如我也라. 我寒熱이면 人亦寒熱이며 我飢餓면
유아자 추인여아야 아한열 인역한열 아기아

人亦飢餓하고 我無奈면 人亦無奈니라.
인역기아 아무내 인역무내

第99事 愛1範2圍

사시
似是

사시似是라는 것은 옳은 듯하면서도 옳지 아니하고, 그른 듯하면서도 옳은 것이다. 사랑은 무엇이든 포용하며 저버림이 없다. 사람들은 자신에게 가까운 것은 백 가지가 옳게 보이고, 먼 것은 오십 가지가 그르게 보이니, 마땅히 가까이 끌어당겨 멀어짐을 막아야 한다.

似是者는 似是而非하고 似非而是也라. 愛는 包物하고 不吐
사시자 사시이비 사비이시야 애 포물 불토

物이니 近是一百이요 遠非五十이라 宜挽近而拒遠이니라.
물 근시일백 원비오십 의만근이거원

기오
旣誤

기오旣誤란 이미 잘못 이해하여 그릇된 길로 들어선 것을 말한다. 그릇된 길을 가는 사람을 돌이켜 처음 출발한 자리에 바르게 서게 한다면, 그 공은 바다에 빠진 사람을 헤엄쳐서 건지는 것보다 나은 것이다.

旣誤者는 旣誤解而誤程也라. 蹔及勉返하여 正立於初則其功이 賢於泳海拯人이니라.
기오자 기오해이오정야 찬급면반 정립어초즉기 공 현어영해증인

第101事 愛1範4圍

장실
將失

장실將失이란 장차 무엇을 하려고 하다가 바른 이치를 잃어 버리는 것을 말한다. 중간에서 멈추고 목적한 곳에 도달하지 못한 사람을 능력이 없다 할 수는 있으나, 너무 빨리 내달아 지나친 사람을 능력 없다 할 수는 없다. 한 번 실수한 것은 비록 같으나, 굼뜬 사람은 깨우쳐 주고 내닫는 사람은 손짓하여 불러야 한다.

將失者는 將欲失理也라. 蹇者不及을 謂不能則可요 走者過
장실자 장욕실리야 건자불급 위불능즉가 주자과

之를 謂不能則不可니 一失이 雖同이나 蹇者는 諭之하고 走
지 위불능즉불가 일실 수동 건자 유지 주

者는 招之니라.
자 초지

第102事 愛1範5部

심적
心蹟

심적心蹟이란 겉은 착하고 속은 악한 것으로, 숨은 것이 드러나지 않으나 오히려 밝은이는 이를 꿰뚫어 본다. 물은 그 원천을 막으면 넘쳐서 흐르고 풀은 뿌리를 자르면 잎이 없어지니, 이것이 자연의 이치다.

心蹟者는 表善裡惡이라 未有顯隱而哲人은 猶視之也라. 水
심적자 표선리악 미유현은이철인 유시지야 수

塞源則過流하고 草去根則無葉이니 此恕之自然이니라.
색원즉과류 초거근즉무엽 차서지자연

第103事 # 유정
由情

愛1範6部

유정由情이란 여러 감정이 어찌할 수 없이 우러나오는 것이다. 정을 따라가다 몹시 놀라고서야 뉘우치게 되고, 몹시 실의에 빠져 한탄한 연후에야 마음을 진정하게 되니, 자신이 알지 못하는 사이에 그렇게 된 것과 자신이 의식하는 상태에서 그렇게 된 것은 용서하는 데 경중輕重이 있다.

由情者는 出諸情之無奈也라. 愕然是悔요 悵然是鎮이니 不知然而知之하고 知然而知之者는 恕之輕重也니라.
유정자 출제정지무내야 악연시회 창연시진 부지연이지지 지연이지지자 서지경중야

용
容

용容은 만물을 포용하는 것이다. 만 리의 바다에는 만 리의 물이 흐르고 천 길 높은 산에는 천 길 높이의 흙이 쌓여 있으니, 물이 넘치는 것도 포용이 아니고 흙이 무너지는 것도 포용이 아니다. 무위이화無爲而化의 덕으로 이루어진 바다와 산은 넘치지도 무너지지도 않듯이 인간도 완전한 조화의 상태에서 완전한 포용을 이룰 수 있다.

容은 容物也라. 萬里之海에 逝萬里之水하고 千仞之山에 載
용 용물야 만리지해 서만리지수 천인지산 재

千仞之土니 濫之者도 非容也며 崩之者도 非容也니라.
천인지토 남지자 비용야 붕지자 비용야

第105事 愛2範7圍

고연
固然

고연固然이란 사람의 도리에 항상 충실한 것을 말한다. 사람이 하늘의 이치에 따르지 않으면 하늘의 도리를 실천할 수 없다. 그러나 자벌레는 돌 위에 오르지 않고, 꿩은 공중을 날지 않으니, 이렇듯 자신의 분수를 아는 것이 바로 포용의 시작이다.

固然者는 人理之常然也라. 於天理에 失運하면 於天道에 失正이라 然이나 尺蠖은 不上石하고 山鷄는 不戾空하니 此容之始也라.
고연자 인리지상연야 어천리 실운 어천도 실정 연 척확 불상석 산계 불려공 차용지시야

第106事 愛2範8園

정외
情外

정외情外란 참으로 뜻하지 않은 것을 말한다. 조각배가 회오리바람을 만나면 그 누가 판자 조각을 붙들지 않을 것이며, 높은 누각에 불이 난다면 그 누가 아래로 뛰어내리지 않겠는가. 회오리바람을 만나고 불이 나는 것은 뜻밖의 일이지만, 판자 조각을 붙들고 높은 곳에서 뛰어내리는 것은 기회를 수용하는 것이다. 사람이 살면서 뜻하지 않은 일을 당하더라도 포기하지 말고, 그런 상황을 긍정적이고 적극적으로 수용하면 길을 찾게 된다.

情外者는 非眞情也라. 扁舟遇颶면 孰不析順이며 重樓失火에
정외자 비진정야 편주우구 숙불석순 중루실화

孰不跳下리오. 遇颶失火는 是情外也요 析順跳下는 是容機
숙불도하 우구실화 시정외야 석순도하 시용기

也니라.
야

第107事 愛2範9圍

면고
免故

면고免故란 고의로 행하고 고의로 멈추는 것에서 벗어나는 것이다. 사람을 그릇되게 인도하고 잘못된 것을 권유하는 것은 되와 말의 양을 분간하지 못하는 것과 같다. 인간의 성품이 편협하여 작고, 허황되어 거짓되며, 경솔하고 조급하여 거짓된 것에 매여 있기 때문에 진실을 알지 못하면서 스스로 진실하다고 하는 사람은 큰 관용이 생겨나야 한다.

免故者는 免乎故行故止也라. 導誤勸錯이 升斗沒量이니 性이
면고자 면호고행고지야 도오권착 승두몰량 성

偏小하고 性이 虛誕하며 性이 輕燥하여 不知所及眞而謂之自眞
편소 성 허탄 성 경조 부지소급진이위지자진

者라도 大容이 生焉이니라.
자 대용 생언

第108事 愛2範10圍

전매
全昧

전매全昧란 사람의 본성과 하늘의 이치를 전혀 깨닫지 못하여 어둠 속에 빠져 있는 것을 말한다. 사람의 신령한 성품은 하늘의 이치를 간직하고 있고, 하늘의 이치는 사람의 도리를 담고 있으며, 사람의 도리는 감정과 욕망을 감추고 있다. 그러므로, 정욕이 지나친 사람은 인간의 도리를 폐하고, 하늘의 이치를 잠기게 하며, 신령한 성품을 무너뜨린다. 혼란한 마음을 가라앉히고 편안해지면 이미 본래 성품이 포용하고 있는 이치를 스스로 깨닫게 된다.

全昧者는 全沒覺性理也라. 靈性은 包天理하고 天理는 包人
전매자 전몰각성리야 영성 포천리 천리 포인

道하고 人道는 藏情慾하니 故로 情慾甚者는 人道廢하고 天
도 인도 장정욕 고 정욕심자 인도폐 천

理沈하며 靈性壞하니 闢安閉混則 已容自覺하니라.
리침 영성괴 벽안폐혼즉 이용자각

第109事 愛2範11圍

반정
半程

반정半程이란 중도에서 그치는 것을 말한다. 옳음과 옳지 않음의 가운데 서서 나아가지도 물러서지도 않는 사람은 능히 옳은 것도 깨닫고 옳지 않은 것도 깨달아서 사물의 이치는 포용할 수 있으되 성품의 이치는 포용하지 못한다. 그러나 사물의 이치가 스스로 쇠하는 것을 경계하면 성품의 이치는 스스로 꽃피나니, 포용은 사물의 이치를 경계함에 있다.

半程者는 止於中程也라. 間於善否하여 中立而無進退者는
반정자 지어중정야 간어선부 중립이무진퇴자

能悟善而悟不善也라 可容物理요 不可容性理라. 然이나 戒
능오선이오불선야 가용물리 불가용성리 연 계

物理自衰則性理自盛이니 容在乎戒니라.
물리자쇠즉성리자성 용재호계

第110事　　愛2範12圍

안념
安念

안념安念이란 안일한 생각으로, 크게는 인간의 성품을 소멸시키고 작게는 인간의 뜻을 소멸시키니 성품과 뜻이 다 소멸되면 인간은 그 존망을 분별하기 어려워진다. 마침내 사람들이 이를 깨달았음에도 안일의 불꽃으로 몸을 태우고 있으니, 사람들이 받아들이기를 바라겠는가. 또한 그 누가 용납하겠는가.

安念者는 大可滅性이요 小能滅志니 性與志俱滅이면 存亡을
안념자　대가멸성　소능멸지　성여지구멸　존망

難辨이라. 遂而人覺에 火焰燒身이니 猶望容乎아 其容者는
난변　수이인각　화염소신　유망용호　기용자

誰오.
수

第111事 愛2範13圍

완급
緩急

완緩은 느린 상황이고 급急은 급한 상황이니, 완급緩急이란 급하지 않은 상황과 급한 상황이 서로 다름을 말하는 것이다. 급한 상황에서는 요사스러운 사람도 혹 용납하는 수가 있으나, 급하지 않은 상황에서는 용납하지 않는다.

緩은 緩界也요 急은 急界也라. 急界妖孼은 人或可容이나 緩
완 완계야 급 급계야 급계요얼 인혹가용 완

界妖孼은 人不可容也니라.
계요얼 인불가용야

시
施

시施란 배고픈 이에게 먹을 것을 주는 것과 같이 물질을 베풀어 구제하는 것이며, 덕을 펴는 것이다. 굶주리는 사람에게는 물질적으로 베풀어 궁핍에서 구하고, 덕을 베풀어 성품의 이치를 밝혀야 한다.

施는 賑物也며 布德也라. 賑物하여 以救艱乏하며 布德하여
시 진물야 포덕야 진물 이구간핍 포덕

以明性理니라.
이명성리

第113事

원희
原喜

愛3範14圍

원희原喜란 사람의 천성이 원래 사랑하고 베푸는 것을 기뻐하는 것을 말한다. 사람이 하늘의 이치를 거역하여 사람을 사랑하지 않으면 외롭고, 베푸는 것을 기뻐하지 않으면 천해진다.

原喜者는 人之天性이 原來愛人喜施也라. 人反天理하여 不愛人則孤하고 不喜施則賤이니라.
원희자 인지천성 원래애인희시야 인반천리 불애인즉고 불희시즉천

第114事 愛3範15園

인간
認懇

인간認懇이란 남의 어려움을 자기가 당한 것처럼 생각하는 것이다. 남에게 위급한 어려움이 있으면 해결 방법을 간절히 찾아야 한다. 그 방도를 찾는 것은 힘에 있는 것이 아니라 남을 자기처럼 사랑하는 데 있다.

認懇者는 人之艱難을 認若己當也라. 人有急難이면 懇求方
인간자 인지간난 인약기당야 인유급난 간구방

略이니 不在乎力이요 在乎愛人如己니라.
략 부재호력 재호애인여기

긍발
矜發

긍발矜發이란 자애로운 마음이 친함과 소원함, 그리고 선함과 악함을 구별하지 않아 불쌍한 것을 보면 즉시 우러나는 마음이니, 아무리 사나운 짐승이라도 사람에게 의지해오면 오히려 이를 구해주는 것이다.

矜發者는 慈心이 無親疎하며 又無善惡하여 但見矜則發이니
긍발자 자심 무친소 우무선악 단견긍즉발

是以로 猛獸依人이라도 猶且救之니라.
시이 맹수의인 유차구지

공반
公頒

공반公頒이란 천하에 널리 베푸는 것을 말한다. 한 번 착함을 펴면 온 천하가 착한 곳으로 향하며, 한 번 착하지 않은 것을 바로잡으면 온 천하가 허물을 고치게 된다. 한 사람의 착하지 않음이 도가道家 전체의 허물이 된다.

公頒者는 普施天下也라. 布一善이면 天下向善하고 矯一不善
공반자 보시천하야 포일선 천하향선 교일불선

이면 天下改過하니 一夫之不善은 道家之過也니라.
천하개과 일부지불선 도가지과야

第117事

편허
偏許

愛3範18圜

편허偏許란 위급하면 도와주고 넉넉하면 돕지 않는 것이다. 베푸는 데에도 역시 기술과 방법이 있어야 한다. 사랑하는 데에도 사랑하는 방법이 있고, 인자한 데에도 인자하게 대하는 방법이 있으며, 어진 가운데에도 어질게 행하는 방법이 있으니, 이를 널리 통하면 베푸는 데 있어서도 두루 합당하게 된다.

偏許者는 援急이요 不助贍也라. 施亦兼術하여 愛中有愛하고
편허자 원급 부조섬야 시역겸술 애중유애

慈中有慈하며 仁中有仁하니 博以其通이면 施無不合이니라.
자중유자 인중유인 박이기통 시무불합

균련
均憐

균련均憐이란 멀리 있는 남의 어려움을 듣고서도 눈으로 보는 것처럼 여기고, 심한 곤경이 아니더라도 쇠잔하여 기우는 것처럼 여기는 것이다. 하늘이 비를 내릴 때 곡식에만 비를 내리고 잡초에는 비를 내리지 않을 리가 있겠는가. 마찬가지로 베푸는 것도 고루 비가 적시는 것과 같이 균등해야 한다.

均憐者는 聞遠艱하대 如目覩하고 非鞬困이나 如殘傾也하라.
균련자 문원간 여목도 비건곤 여잔경야

天有雨稂에 不雨莠之理乎아 施之均이 如雨之霑이니라.
천유우랑 불우유지리호 시지균 여우지점

第119事 愛3範20圍

후박
厚薄

후厚는 지나치지 않은 것이고 박薄이란 부족하지 않은 것으로, 후박厚薄이란 지나치지도 부족하지도 않은 것을 말한다. 베푸는 것이 적당량이 아니어서 한 모금 물로 해갈하는 것과 같을지라도 이를 물리치지 못하니, 마땅히 고르게 할 것은 고르게 하고 간략하게 할 것은 간략하게 해야 한다.

厚는 非過也오 薄은 非不足也라. 施不適量이나 勺水解渴不可斥이니 當準必準하며 當略必略이니라.
후 비과야 박 비부족야 시부적량 작수해갈불가척 당준필준 당략필략

부혼
付混

부혼付混이란 남에게 베풀고도 보답을 바라지 않는 것이다. 사랑하는 마음에서 움직이고 자애로운 마음에서 일어나며 어진 마음에서 결정을 하는 것이니, 베풀면 베푸는 대로 잊어버리고 스스로의 공덕으로 여기지 말아야 한다.

付混者는 施之而不望報也니라. 愛心而動하고 慈心而發하며
부 혼 자 　 시 지 이 불 망 보 야 　 　 애 심 이 동 　 　 자 심 이 발

仁心而決하니 故로 隨施隨忘하여 無自德之意니라.
인 심 이 결 　 　 고 　 수 시 수 망 　 　 무 자 덕 지 의

第121事 愛4範

육
育

육育이란 가르치고 이끌어서 사람을 기르는 것이다. 사람에게 일정한 가르침이 없으면, 그물에 벼리를 달지 않은 것과 같고, 옷에 깃을 달지 않은 것과 같아 제각기 자기 주장만 내세워 세상이 분망하고 복잡해진다. 이런 까닭에 주된 가르침을 하나로 하여 사람들을 보호하고 길러야 한다.

育은 以教化育人也라. 人無定教則罟不綱하며 衣不領하고 各自
육 이교화육인야 인무정교즉고불강 의불령 각자

樹門하여 奔雜成焉이니 因此一其主教하여 保育人衆이니라.
수문 분잡성언 인차일기주교 보육인중

第122事 愛4範22圍

도업
導業

도업導業이란 생계를 꾸려 나가는 것을 말한다. 사람은 성품의 이치는 비록 같으나 성품의 바탕과 기운은 같지 않아서 억세고 유연하며, 강하고 약한 것이 제각기 다르게 나타난다. 사람의 바른 행동은 가르침을 통해 이루어지니 가르침을 통해 성품의 바탕이 윤택해지고 성품의 기운을 편안하게 하면, 동굴이나 움막에 산다 해도 스스로 그 생업이 번영하게 된다.

業은 生計也라. 人之性理 雖同이나 性質及性氣 不同하여 剛
업 생계야 인지성리 수동 성질급성기 부동 강

柔强弱이 行路各殊니 敎化大行하여 潤性質而安性氣則
유강약 행로각수 교화대행 윤성질이안성기즉

穴處巢居라도 自榮其業이니라.
혈처소거 자영기업

보산
保産

보산保産이란 산업을 잃지 않는 것을 말한다. 모든 산업을 경영할 때는 마음을 굳게 하고 뜻을 단단히 하여 방자함이 없도록 전력을 기울여야 한다. 업業이 오래 되면 능통하여 널리 이름을 떨치고, 위축됨이 없이 번창하게 되어 자연히 그 산업을 보존하게 된다.

保産者는 不失産業也라. 心固志硬하여 放肆不售하고 業久則通하며 有振無縮하여 能保其産이니라.
보산자 부실산업야 심고지경 방사불수 업구즉 통 유진무축 능보기산

第124事　　愛4範24圍

장근
奬勤

장근奬勤이란 사람이 부지런히 가르침에 힘쓰도록 권장하는 것을 말한다. 사람을 길러 사람다운 사람이 되게 하니 마치 봄철에 만물이 싹터서 점점 자라나고, 먼지 낀 거울을 닦으면 맑아지는 것과 같다. 사람의 단점은 가리고 장점은 높이 세워주며, 착한 것은 널리 알리고, 능력은 떨치도록 해야 한다.

奬勤者는 奬人之勤化育也라. 育人而人化하니 春物은 漸滋
장근자　장인지근화육야　육인이인화　춘물　점자

하고 塵鏡은 轉明이라. 掩短揭長하며 開善揚能이니라.
진경　전명　엄단게장　개선양능

경타
警墮

경타警墮란 교육에서 뒤떨어지는 것을 경계하는 것이다. 가다가 다시 돌아오고 깨었다가 다시 잠들더라도, 오히려 가지 않고 깨지 않는 것보다 낫다. 참된 이치로 밝게 가르치면 칠흑 같은 밤에도 멀리서 번갯불이 번쩍이는 것과 같을 것이다.

警墮者는 警之墮教育也라. 行而復回하며 醒而復睡라도 猶勝乎不行不醒矣니 明之以理면 長洲黑夜에 遠電閃閃하리라.
경타자 경지타교육야 행이부회 성이부수 유승 호불행불성의 명지이리 장주흑야 원전섬섬

第126事 愛4範26圍

정로
定老

정로定老란 노인이 교화를 할 수 있도록 안정된 환경을 제공하는 것이다. 어진 노인은 스승으로 삼아 가르침을 널리 펴서 스스로 그 덕을 기르게 하고, 보통의 노인은 웃어른으로 삼아서 가르침을 정성껏 지켜 스스로 편안함을 기르게 한다.

定老者는 定老人之敎化也라. 賢老는 爲師하여 傳布敎化하여
정로자 정노인지교화야 현로 위사 전포교화

自育其德하고 篤老는 爲翁하여 誠守敎化하여 自育其安이니라.
자육기덕 독로 위옹 성수교화 자육기안

第 127 事 愛 4 範 27 圍

배유
培幼

배유培幼란 어린아이의 발육과 성장을 보살피는 것을 말한다. 새싹이 이슬에 젖지 않으면 비록 줄기가 있다 해도 반드시 시들듯이, 어린아이도 교육을 받지 못하면 비록 어른이 되더라도 반드시 쓸모가 없게 된다. 그러므로 초목은 심어서 가꾸고 사람은 길러서 성장시켜야 한다. 그러면 초목이 번성하듯 교화가 이루어진다.

培幼者는 培養幼穉也라. 萌不霑露면 雖莖必萎요 童不服育이면
배유자 배양유치야 맹부점로 수경필위 동불복육

雖長必頑이니 培而植之하며 養而成之면 敎化는 與枝葉相
수장필완 배이식지 양이성지 교화 여지엽상

繁이니라.
번

第128事 愛4範28圍

권섬
勸贍

권섬勸贍이란 너그러운 덕행을 권하는 것이다. 너그러운 덕이 있는 사람은 그 성품이 혹 남보다 뛰어난 것을 좋아하여 그 덕을 널리 펴기를 일삼지 않으나, 스스로 그 어짊을 옳게 여기니 마땅히 너그러운 덕행을 권하여 나아가 이루도록 해야 한다.

勸贍者는 勸裕德也라. 有裕德者는 性或好勝하여 不事流育
권섬자 권유덕야 유유덕자 성혹호승 불사류육

이나 自善其賢하여 宜勸而進就니라.
자선기현 의권이진취

관학
灌涸

관학灌涸이란 메마른 개천에 큰 물을 대주는 것이다. 개천이 메마르면 농작물이 자라지 못하는데 이때 단비가 내리면 만물이 다시 소생하듯이 사람이 가르침을 받는 것도 이와 같다.

灌涸者는 灌洪波於涸川也라. 川涸이면 產物이 靡殘하여 不得生成之理하니 惠霈降之라야 如人受育이니라.
관학자 관홍파어학천야 천학 산물 미잔 부득생성지리 혜패강지 여인수육

교
敎

교敎는 사람이 지켜야 할 떳떳한 도리와 도학道學으로 사람을 가르치는 것이다. 사람이 가르침이 있으면 모든 행실이 그 근본됨을 얻고, 가르침이 없으면 아무리 훌륭한 장인匠人이라도 먹줄이 없는 것과 같아 사람의 도리를 다하지 못하게 된다.

敎는 敎人以倫常道學也라. 人이 有敎則百行이 得體하고 無
교 교인이윤상도학야 인 유교즉백행 득체 무

敎則雖良工이라도 無繩墨이니라.
교즉수양공 무승묵

고부
顧賦

고부顧賦란 타고난 성품을 되돌아보는 것을 말한다. 하늘이 사람에게 부여한 것은 이치와 기운이다. 모든 일을 하늘의 이치에 따라 행하지 않으면 기운이 따라와주지 않는다. 그러므로 큰 성인(上哲)은 타고난 성품을 마음대로 부리고, 현명한 사람(中哲)은 타고난 성품을 거느리며, 그 이외의 사람들(下哲)은 타고난 성품을 되돌아보면서 지켜나가야 한다.

顧賦者는 顧稟賦也라. 天之賦與以人者는 理也며 氣也라. 未
고부자 고품부야 천지부여이인자 이야 기야 미

有不依諸理而合之者면 不付諸氣而行之者니 故로 上哲은
유불의제리이합지자 불부제기이행지자 고 상철

命賦요 中哲은 轄賦요 下哲은 顧賦니라.
명부 중철 할부 하철 고부

第132事 愛5範31圍

양성
養性

양성養性이란 타고난 성품을 넓혀 충실하게 하는 것이다. 사람의 타고난 천성은 원래 착하나 다만 사람 성품이 서로 섞여 물욕이 틈을 타 기승을 부리니, 본래의 성품 속에 깃든 착함을 잃고 욕심쪽으로만 기울게 된다. 사람은 진실로 타고난 천성을 넓혀서 충실하게 하지 않으면 욕심으로 인해 천성이 점점 닳아 없어지니 그 근본을 잃을까 두려워해야 한다.

養性者는 擴充天性也라. 天性은 元無不善하대 但人性은 相
양성자 확충천성야 천성 원무불선 단인성 상

雜하여 物慾이 乘釁하니 苟不擴充이면 天性이 漸磨漸消하여
잡 물욕 승흔 구불확충 천성 점마점소

恐失其本이니라.
공실기본

第133事 愛5範32圍

수신
修身

수신修身이란 몸을 닦는 것을 말한다. 몸은 영혼이 살고 있는 집이며, 마음도 몸을 통해 일을 한다. 모든 일을 행하는데 본성의 마음을 따르지 않고 안일한 뜻과 방자한 기운으로 함부로 행하다가 잘못을 저지르게 되면, 도리어 근본 이치에서 멀어진다. 그러므로 사람이 그 몸을 잘 닦으면 천성을 잃지 않는다.

身은 靈之居宅也요 心之所使也라. 不由諸心而由於安意肆
신 영지거택야 심지소사야 불유제심이유어안의사

氣하여 輒行不善이면 反害元理하니 故로 修身而失天性者는
기 첩행불선 반해원리 고 수신이실천성자

未之有也니라.
미지유야

주륜
湊倫

주륜湊倫이란 윤리와 도덕에 맞는 행동을 말한다. 윤리는 사람의 대의大義이니 윤리가 없으면 사람도 짐승에 가까우므로 사람을 가르치는 데는 반드시 윤리를 앞세워 서로 사랑하는 이치를 바르게 해야 한다.

湊倫者는 合於倫常也라. 倫은 人之大義也니 無倫이면 與畜
주륜자 합어윤상야 윤 인지대의야 무륜 여축

生으로 相近이라 故로 教人에 必先倫理하여 以正相愛之理니라.
생 상근 고 교인 필선윤리 이정상애지리

第135事 愛5範34圍

불기
不棄

불기不棄란 가르침에 있어서 사람을 버리지 않는 것을 말한다. 가르침이 아니면 영靈은 사람과 짝하지 않고, 가르침이 없으면 마음이 사람과 합하지 않으니, 하늘의 가르침을 듣지 못하며 천심天心을 바르게 지키지 못하는 사람은 불기의 이치를 모르는 사람이다.

不棄者는 敎不棄人也라. 非敎면 靈不配人하고 無敎면 心不合人하니 不聽天靈하며 不守天心者는 不知不棄之理니라.
불기자 교불기인야 비교 영불배인 무교 심불합인 불청천령 불수천심자 부지불기지리

第 136 事 愛 5 範 35 圍

물택
勿擇

물택勿擇이란 가리는 것이 없는 것을 말한다. 교화가 널리 퍼지는 것은 마치 해그림자가 물체를 따라다니는 것처럼 골고루 빛이 안 가는 곳이 없듯이, 어찌 현명한 사람만 가려서 가르치고 현명하지 못한 사람이라 하여 가르치지 않겠는가. 그러므로 가르침이란 어리석음을 고쳐 현명함으로 돌이키는 것이다.

勿擇者는 不拘碍也라. 教化之流行이 如日影隨物하여 無物
물 택 자 불 구 애 야 교 화 지 유 행 여 일 영 수 물 무 물

不照하니 何擇賢者而教之며 不賢者而不教리오. 故로 教者는
부 조 하 택 현 자 이 교 지 불 현 자 이 불 교 고 교 자

改愚而返賢也라.
개 우 이 반 현 야

달면
達勉

달면達勉이란 가르침에 힘써서 가르침에 통달하는 것을 말한다. 가르침을 행하는 것은 가르침을 아는 것보다 어렵고, 가르침에 힘쓰는 것은 가르침을 행하는 것보다 어려우며, 가르침에 통달하는 것은 가르침에 힘쓰는 것보다 어렵다. 가르침에 통달하면 모든 사물을 사랑하는 이치를 알게 된다.

達勉者는 勉教而達教也라. 行教는 難於知教하고 勉教는 難於行教하고 達教는 難於勉教니 達教則能知愛物之理니라.
달면자 면교이달교야 행교 난어지교 면교 난어행교 달교 난어면교 달교즉능지애물지리

第138事 愛5範37圍

역수
力收

역수力收란 힘을 한 곳에 쏟아 공을 거두는 것이다. 높은 곳에서 굴러 떨어진 돌은 금이 가서 곱게 다듬어질 수 없고, 가죽나무를 곧게 할 수 없듯이 못난 어리석음을 교화할 수 없을지라도 반드시 힘써 거두어 이웃에 물들지 못하게 한다.

力收者는 專力以收功也라. 磅石은 不能琢하고 樗木은 不能直하며 獃愚는 不能化니 必用力收하여 勿染漬於隣이니라.
역수자 전력이수공야 방석 불능탁 저목 불능 직 애우 불능화 필용역수 물염지어린

대
待

사랑의 여러 부분 중에서 기다림(待)이 가장 큰 것은, 그 보이지도 들리지도 않는 것이 먼 장래에까지 무궁한 사랑을 쌓아가기 때문이니 사랑을 쌓아가는 것뿐만 아니라 또한 방법이 있어야 한다.

愛之諸部 待最大焉者는 以其不見不聞으로 蘊愛於將來之
애지제부 대최대언자 이기불견불문 온애어장래지

無窮也니 非徒蘊愛라 亦有方焉이니라.
무궁야 비도온애 역유방언

第140事 愛6範38圍

미형
未形

미형未形이란 사물의 형상, 즉 모습이 없는 것을 말한다. 모습이 없어서 보이지 않아도 사랑하며, 모습이 나타나기를 기다려서 이를 보호하는 것은 어짊의 씨앗을 심어서 이를 변화시키기 위함이다.

未形者는 事物之未形也라. 見未形而愛之하며 待現形而護之하여 若種仁而變之니라.
미형자 사물지미형야 견미형이애지 대현형이호지 약종인이변지

생아
生芽

생아生芽란 생명이 싹트는 만물의 시작을 말한다. 무릇 만물을 사랑한다는 것은 만물이 생겨나는 처음부터 사랑하여 중간에 잘못될까 염려하고, 끝에는 번영하기를 극진히 기다리다가 열매를 맺으면 그 열매에 집착하지 않고 씨앗으로 돌아가듯이, 온전한 사랑 또한 성공의 열매에 집착하지 않고 초심으로 돌아간다는 말이다.

生芽者는 物之始也라. 凡愛物者는 愛物之始에 慮有中廢하여
생아자 물지시야 범애물자 애물지시 려유중폐

克待晩榮하고 結果則反之니라.
극대만영 결과즉반지

第142事 愛6範40圍

관수
寬遂

관수寬遂란 너그러울 때 일이 이루어짐을 보는 것을 말한다. 사람들이 내가 너그러우면 즐거워하고 내가 너그럽지 않으면 근심스러워 하는 것은, 관용을 베풀지 않으면 나에게 이익이 남고 관용을 베풀면 나에게 방해가 된다고 여기기 때문이다. 내가 너그러울 때에 즐겁게 일이 이루어짐을 보게 된다.

寬遂者는 寬時而睹遂也라. 人이 有我寬則樂하고 不寬則憂
관수자 관시이도수야 인 유아관즉락 불관즉우

者면 不寬益我하고 寬妨我者니 我寬時에 睹其樂遂니라.
자 불관익아 관방아자 아관시 도기락수

온양
穩養

온양穩養이란 편안하게 기르는 것이다. 어떤 생명체가 의지할 곳이 없어서 홀로 외롭고 위태로우며 또 우환이 생기거든 이를 거두어 길러서 그 성장을 편안하게 해주고, 기르기에 적당한 곳을 찾아 타고난 바탕을 돕고 일을 해나가게 해야 한다.

穩養者는 安以養之也라. 有物無依하여 孤危且患이거든 收而
온 양 자 안 이 양 지 야 유 물 무 의 고 위 차 환 수 이

養之하여 安其成長하고 養之有地하여 相質就業이니라.
양 지 안 기 성 장 양 지 유 지 상 질 취 업

第144事 # 극종
克終
愛6範42圍

극종克終이란 일의 끝맺음을 잘하는 것이다. 시작은 소중히 하고 끝맺음은 소중히 하지 않으면 결과가 없을 것이다. 늙은 누에가 뽕나무 가지에서 떨어지면 한 자의 명주실도 얻을 수 없는 것과 같은 이치이다. 그러므로 만물을 사랑하는 데 반드시 끝맺음을 잘 해야 한다.

克終者는 善其終也라. 愛始不愛終이면 物無終局이니 老蠶落枝면 尺絲를 何得이리오. 故로 愛物에 必克終이니라.
극종자 선기종야 애시불애종 물무종국 노잠락 지 척사 하득 고 애물 필극종

第 145 事

전탁
傳托

愛 6 範 43 圍

전탁傳托이란 사물을 전하여 맡기는 것이다. 밝은이는 사물을 사랑함에 반드시 시작부터 끝까지 지극하다. 다만 끝맺음이 어려운 것이 아니라 마치기에 시기가 적절하지 않은 것이니, 전하고 맡기어 나를 이어 끝맺음을 잘 하도록 한다.

傳托者는 傳物而托也라. 哲人愛物에 必克始終하니 終之非難이나 時正不適이니 傳之托之하여 續我克終이니라.
전탁자 전물이탁야 철인애물 필극시종 종지비난 시정부적 전지탁지 속아극종

제 4 강령

제濟

제
濟

제濟는 덕德을 갖춘 선善으로, 도道에 힘입어 사람에게 그 힘이 미치는 것이니, 여기에는 네 가지 규規와 서른두 가지 모模가 있다.

濟者는 德之兼善이요 道之賴及이니 有四規三十二模니라.
제 자 덕 지 겸 선 도 지 뢰 급 유 사 규 삼 십 이 모

시
時

시時란 만물을 구제하는 적당한 때를 말한다. 구제하는 것이 때가 맞지 않은 것은 제비와 기러기가 서로 찾아오는 때가 다르고, 물과 산이 서로 멀며, 털 난 짐승과 껍데기를 가진 갑각류가 서로 다른 것과 같다.

時는 濟物之時也라. 濟不以時는 燕鴻相違하며 水與山遠하고 毛甲不同이니라.
시 제물지시야 제불이시 연홍상위 수여산원 모갑부동

第148事 濟1規1模

농재
農災

농재農災란 농사를 짓는 사람이 농사에 부지런하지 않아 재앙을 만나는 것이다. 농사는 천하의 근본이며 네 가지 직업(農學商工) 중에서 으뜸이다. 가르침을 널리 펴면 사람이 한가하거나 게으름이 없어 건장한 사람은 농사를 짓고, 총명한 사람은 학문을 하며, 민첩한 사람은 장사를 하고, 손재주가 있는 사람은 공업을 한다. 공업은 이치를 잘 연구해야 하고, 상업은 탐욕에 빠지지 말아야 하며, 학문은 도에 통달해야 하고, 농업은 때를 잃지 않아야 하니, 농사에 때를 잃지 않으면 사람에게 재앙이 없다.

農災者는 不勤農而遭災也라. 農者는 天下之大本이요 四業
농재자 불근농이조재야 농자 천하지대본 사업

之首也라. 教化隆洽에 人無閑慵하여 健者農하고 聰者學하며
지수야 교화융흡 인무한용 건자농 총자학

敏者商하고 巧者工이라. 工能窮理하고 商不徑貪하며 學能達
민자상 교자공 공능궁리 상불경탐 학능달

道하고 農不失時니 農不失時則無人災니라.
도 농불실시 농불실시즉무인재

양괴
涼怪

양괴涼怪란 가을바람의 쌀쌀한 기운에 요망하고 괴이한 것이 사람을 해치는 것을 말한다. 마음을 바르게 하여 사심이 없고, 기운을 맑게 하여 움직임이 없으며, 뜻을 바로잡아 어지러움이 없으면, 요망하고 괴이한 것이 감히 가까이하지 못한다.

涼怪者는 秋風肅氣에 妖怪害人也라. 正心而無邪하고 氣淸而無動하며 意定而無亂則 妖怪不敢近이니라.
양괴자 추풍숙기 요괴해인야 정심이무사 기청이무동 의정이무난즉 요괴불감근

열염
熱染

열염熱染이란 찌는 듯한 더위에 요사한 마귀가 사람을 해치는 것을 말한다. 육정(六丁:하지 후 60일 간)의 한여름 더위에 하늘이 솥 끓듯 하고, 삼경(三伏)의 더위가 땅 위에 엎드리니, 위로는 더운 기운이 느껴지나 아래로는 찬 기운이 엉기어 그 사이에서 요사한 것이 생겨난다. 마음을 맑게 하고, 처소를 깨끗이 하며, 서늘한 가을 기운으로 호흡을 고르고, 과식하지도 굶주리지도 않으면, 요사한 것이 감히 생겨나지 못한다.

熱染者는 酷暑蒸炎에 妖魔害人也라. 六丁이 鏕天하고 三庚이
열염자 혹서증염 요마해인야 육정 오천 삼경

伏地하니 上感下凝하여 妖生其間이라. 淸心淨處하고 哈吹金
복지 상감하응 요생기간 청심정처 합취금

氣하여 不飽不飢則 妖魔不敢生이니라.
기 불포불기즉 요마불감생

第151事 濟1規4模

동표
凍莩

동표凍莩란 추운 겨울에 얼어서 굶어 죽는 것을 말한다. 어떤 직업을 갖고 있든 그 이치를 알지 못하고 쓸데없이 지나친 욕심과 게으름에 빠진다면 잘 입고 잘 먹는 것만 찾게 되어 결국 그 꾀가 오래가지 못하고 얼어서 굶어 죽고 만다. 따라서 밝은이는 만물을 구제하는 데 반드시 먼저 교화를 행한다.

凍莩者는 凍餓死也라. 四業之家에 有不霑教化者는 擔賴無
동표자 동아사야 사업지가 유부점교화자 담뢰무

業하고 嗜逸訪閑하며 尊衣尙飮하니 其謀不長하여 竟至凍
업 기일방한 존의상음 기모부장 경지동

莩라. 故로 哲人 濟物에 必先于此니라.
표 고 철인 제물 필선우차

무시
無時

무시無時란 때의 구별이 없이 항상 진리를 행하는 것을 말한다. 밝은이는 덕으로 만물을 구제하기 때문에 좋은 방도를 준비하여 어느 때나 제공하니, 그 훈훈함이 따뜻한 봄볕과 같아서 음지에 남아 있는 눈이 저절로 녹아내린다.

無時者는 常時也라. 哲人이 以德濟物하사 準備良道하여 爲供不時하니 薰若春暖에 殘氷이 自消니라.
무시자 상시야 철인 이덕제물 준비양도 위공불시 훈약춘난 잔빙 자소

第153事　　濟1規6模

왕시
往時

왕시往時란 이미 지나간 때를 말한다. 병이 들어 때를 놓치면 새로운 기운을 다시 살려내지 못하며 바른 도를 펴지 못한다. 그러나 병의 뿌리인 마음을 새롭게 하면, 병의 근원은 자연히 없어질 것이다.

往時者는 過去時也라. 有病諸過時에 不能蘇新氣하고 未展
왕시자 과거시야 유병제과시 불능소신기 미전

以正道하니 革其邪根이면 邪根이 卽除니라.
이정도 혁기사근 사근 즉제

장지
將至

장지將至란 장차 오는 것을 말한다. 밝은이의 큰 도는 온 세상 사람들의 법도가 된다. 그러나 물질이 지나치게 풍성해지면 법도가 쇠약해져서 오로지 물질에만 의존하는 고질병이 생겨 완치가 안 되니, 진정한 행복과 이익이 떠나게 된다.

將至者는 將來也라. 哲人大道는 爲萬世人規나 然이나 物盛
장지자 장래야 철인대도 위만세인규 연 물성

則規衰하여 趁痼未完하니 祛爲福利니라.
즉규쇠 진고미완 거위복리

第155事 濟2規

지
地

지地란 만물을 구제하는 땅을 말한다. 구제함이 땅의 이치에 부합하고, 땅의 상태가 만물의 성장에 합당해야 한다. 그러므로 땅의 이치와 구제하는 만물 간의 관계는 서로 본질이 맞아야 하기 때문에 땅이 구제한다 하더라도 땅의 이치에 합당하지 못하면 만물은 옳게 자라나지 못한다.

地者는 濟物之地也라. 濟合於地理하고 地宜於濟質然後에
지자 제물지지야 제합어지리 지의어제질연후

濟하니 理質이 若不應巨輪이면 行有曲岐니라.
제 이질 약불응거륜 행유곡기

무유
撫柔

무유撫柔란 땅의 성질이 약한 것을 어루만져 황폐하지 않도록 회복하는 것이다. 땅의 성질이 약하면 사람의 마음이 이랬다 저랬다 하여 교화가 행해지지 않으니, 물을 끌어 뜰에 대며, 대나무를 심고 깊은 우물물을 마시도록 한다.

撫柔者는 撫地性之柔하여 挽回不廢也라. 地性이 柔則人心이
무 유 자 무 지 성 지 유 만 회 불 폐 야 지 성 유 즉 인 심

反覆하여 敎化不行하니 導水灌園하며 種竹樹하며 飮深井
반 복 교 화 불 행 도 수 관 원 종 죽 수 음 심 정

이니라.

第157事

해강
解剛

濟2規9模

해강解剛이란 땅의 성질이 억센 것을 풀어 온화한 기운으로 되돌리는 것이다. 땅의 성질이 억세면 사람의 성질도 강하고 사나워져서 작은 일로도 다투고 해치는 일이 많아 결국 덕이 없어지게 된다. 이럴 때는 흐르는 물을 마시며 버드나무를 심도록 한다.

解剛者는 解地性之剛하여 輓回和氣也라. 地性이 剛則人質이 强暴하며 私鬪多殘害하여 德化淹滯하니 飮流水하며 種楊柳하니라.

해강자 해지성지강 만회화기야 지성 강즉인질 강포 사투다잔해 덕화엄체 음류수 종양유

第158事 濟2規10模

비감
肥甘

비감肥甘이란 땅이 비옥하고 땅의 맛이 단 것을 말한다. 땅이 비옥하고 맛이 달면 사람의 성품도 순박하고 인정이 두터워져 화평하고 즐거우니, 덕을 펴고 가르침을 베푸는 것이 마치 바람이 싱싱한 풀을 지나는 것과 같이 순조롭다. 이때 그 타고난 천성을 이루고 천심을 길러서 이웃까지 영향을 미치게 해야 한다.

肥甘者는 地質이 肥하고 地味甘也라. 地質肥味甘則人性이
비감자 지질 비 지미감야 지질비미감즉인성

淳厚和樂하니 布德施敎에 如風過健草하여 成其天性하며
순후화락 포덕시교 여풍과건초 성기천성

養其天心하여 派及附近이니라.
양기천심 파급부근

조습
燥濕

조습燥濕이란 땅의 성질이 메마르거나 혹은 습한 것을 말한다. 땅의 성질이 메마르거나 습하면 인심도 각박하고 사나워져, 자신의 이익만 생각하고 의로움을 좇지 않으며, 욕심만 따르고 덕을 알지 못한다. 따라서 너그러이 가르쳐 성품을 가라앉히고, 마음을 순하고 평화롭게 하여 안정을 되찾게 해주어야 한다.

燥濕者는 地質이 有燥有濕也라. 地質이 燥濕則人心이 薄惡하여
조습자 지질 유조유습야 지질 조습즉인심 박악

謀利而不向義하며 縱慾而不知德하니 寬敎沈性하며
모리이불향의 종욕이부지덕 관교침성

順和平心하여 安以回之니라.
순화평심 안이회지

第 160 事

이물
移物

濟 2 規 12 模

이물移物이란 하늘이 이 땅의 물건을 저 땅으로 옮기는 것을 말한다. 하늘이 만물을 구제함에 있어서 치우침이 없으며, 만물을 내리는 데 있어서도 치우치게 내리지 않는다. 동쪽이 풍년이 들고, 서쪽이 흉년이 들며, 남쪽이 장마가 지고, 북쪽이 가무는 것은 치우친 것이 아니라 회전하는 것이다. 이것은 마치 사람의 기운과 혈맥이 잘 통하기도 하고 통하지 않기도 하며, 또 몸이 건강하기도 하고 건강하지 않기도 하는 것과 같다.

移物者는 天移此地物於彼地也라. 天濟物에 無偏濟하며
이물자 천이차지물어피지야 천제물 무편제

下物에 無偏下하니 東豊西歉하고 南霖北旱者는 非偏이고
하물 무편하 동풍서겸 남림북한자 비편

乃轉也니 如人之氣血이 通或不通하며 身體가 健或不健이니라.
내전야 여인지기혈 통혹불통 선체 건혹불건

第161事 濟2規13模

역종
易種

역종易種이란 하늘이 산물의 종자를 바꾸는 것이다. 하늘이 만물을 구제함에 아주 귀하거나 아주 번성하게 하는 게 없으며, 지극히 천하게 하거나 지극히 쇠하게 하지도 않는다. 만물이 귀하고 번성하면 반드시 쇠하고 천하게 되며, 천하고 쇠하면 반드시 귀하고 번성하게 되는 것은 하늘이 자연적으로 이쪽의 산물을 저쪽으로 바꾸고, 저쪽의 산물을 이쪽으로 바꾸기 때문이다. 이에 따라 사람의 성품도 바꾸어 사람의 지혜에 통달케 하는 것이다.

易種者는 天이 易所産物種也라. 天이 濟物에 無極貴極盛하며
역종자 천 역소산물종야 천 제물 무극귀극성

無極賤極衰하니 凡物이 貴盛이면 必賤衰하고 賤衰면 必貴
무극천극쇠 범물 귀성 필천쇠 천쇠 필귀

盛者는 天이 易此産於彼하고 易彼産於此하여 換人性하며 達
성자 천 역차산어피 역피산어차 환인성 달

人知니라.
인지

척벽
拓闢

척벽拓闢이란 후미지고 거친 땅을 개척하여 여는 것을 말한다. 하늘이 사람을 구제할 때 먼저 만물을 여는 까닭에, 벽지에는 사람이 없게 하고 황폐한 땅에는 만물이 없게 한다. 옛날에 신성한 사람에게 개척을 시작하게 하고, 어질고 지혜로운 사람들이 이를 돕게 하며, 우매한 사람이 이를 이어가게 하여 교화가 끝이 난다.

拓闢者는 拓闢僻荒也라. 天이 濟人에 先開物하니 故로 爲僻
척벽자 척벽벽황야 천 제인 선개물 고 위벽

地無人하며 荒地無物이라. 古以神聖而始하고 賢智而補하며
지무인 황지무물 고이신성이시 현지이보

愚昧而繼하여 教化而終이니라.
우매이계 교화이종

第163事 濟2規15模

수산
水山

수산水山이란 바다와 육지를 말한다. 하늘이 바다를 구제할 때 육지로 하며, 육지를 구제할 때 바다로 하는데 가르침은 육지에서 시작하여 바다에 미치게 하며, 도道 역시 육지에서 시작하여 그 덕이 바다에 미치게 한다. 따라서 가르침을 세우면 그 구제의 공덕이 밝아지고, 도덕이 이루어지면 구제의 공덕이 드날리게 된다.

水山者는 海陸也라. 天이 濟海以陸하며 濟陸以海하여 教自
수산자 해륙야 천 제해이륙 제륙이해 교자

陸而化于海하며 道自陸而德于海하니 教化立則濟功明하고
륙이화우해 도자륙이덕우해 교화입즉제공명

道德이 成則濟功揚이니라.
도덕 성즉제공양

서
序

서序는 만물을 구제하는 도道에 순서가 없을 수 없다는 말이다. 모든 일에 있어서 그 형세를 살펴 구제를 베풀고 또한 필요한 양을 헤아려 잘 결정하면 다시 계산하는 일이 없다. 이것은 마치 어금니가 있고 뺨이 그 어금니를 잘 감싸고 있는 것과 같다.

序는 濟物之道에 非無次序也라. 審勢而施하며 量宜而決하여
서 제물지도 비무차서야 심세이시 양의이결

無再算하니 如有牙有頰이니라.
무재산 여유아유협

第165事 # 선원 先遠 濟3規16模

선원先遠이란 먼 곳에 있는 사람을 먼저 구제함을 말한다. 밝은이는 만물을 구제하고 가르칠 때 멀고 구석진 곳부터 먼저 택하니 어리석은 사람은 스스로 변하여 사리에 밝아지고, 완고하고 거친 사람도 스스로 깨달아 예절을 차린다.

先遠者는 先于遠人也라. 哲人이 濟物敎化하되 先于遐陬하여
선원자 선우원인야 철인 제물교화 선우하추

愚胎도 自變爲明哲하며 頑骨이 自覺有禮節이니라.
우태 자변위명철 완골 자각유예절

第166事 済3規17模

수빈
首濱

수빈首濱이란 제일 먼저 죽음에 임박한 사람을 구제하는 것이다. 구제하는 데에도 선후가 있으니, 거꾸로 매달려 있는 사람이 비록 급하나 물에 빠진 사람이 있고, 물에 빠진 사람이 비록 급하긴 하지만 불에 타는 사람이 있다.

首濱者는 首先濟瀕危之人也라. 濟有先後하니 倒懸이 雖急이나
수빈자 수선제빈위지인야 제유선후 도현 수급

溺水有矣요 溺水雖急이나 焚火有矣니라.
익수유의 익수수급 분화유의

第 167 事　　濟 3 規 18 模

경중
輕重

경중輕重이란, 중대한 일과 경미한 일을 가려서 하라는 말이다. 사람의 곤경과 재액에는 심한 것과 덜 심한 것이 있다. 반드시 구제하려고 한다면 마땅히 심한 것과 덜 심한 것을 알아야 한다. 심한 것은 원래 시간을 다투고, 덜 심한 것은 날짜를 다툰다. 시간과 날짜를 다투지 않는다면 심한 것도, 덜 심한 것도 없는 것이다.

人之困厄이 有重有輕이라. 必欲濟之면 宜知重知輕이니 重
인 지 곤 액　유 중 유 경　필 욕 제 지　의 지 중 지 경　중

固時矣요 輕固日矣라. 不時不日이면 無重無輕이니라.
고 시 의　경 고 일 의　불 시 불 일　무 중 무 경

第 168 事 | 濟 3 規 19 模

중과
衆寡

중과衆寡란, 인원이 많고 적음에 따라 구제의 방법이 다름을 말한다. 천 사람 중에서 그 팔분이 곤란하고 백 사람 중에서 십분이 곤란하다면, 많은 수의 곤란함이 적은 수의 곤란함보다 우선한다. 비록 백분지 십이 천분지 팔보다 많기는 하지만 이 둘을 모두 구제하려면 많은 수의 곤란은 덕으로 구제하고, 적은 수의 곤란은 은혜로 구제한다.

千人(천인)이 八分其困(팔분기곤)하고 百人(백인)이 十分其困(십분기곤)이면 其困而衆困(기곤이중곤)이 勝寡困(승과곤)하며 十分(십분)이 多八分(다팔분)이나 其雙成者(기쌍성자)는 濟衆以德(제중이덕)하며 濟寡以惠(제과이혜)니라.

第169事 濟3規20模

합동
合同

합동合同이란 온 세상을 한 덩어리로 화합하는 것을 말한다. 온 세상 모두가 덕의 뜻만을 숭상하면 만물의 이치를 알지 못하고, 만물의 이치만을 숭상하면 덕의 뜻을 알지 못한다. 그러므로 밝은이는 인간을 구제할 때 덕의 뜻과 만물의 이치를 서로 존중하여 때를 짐작한다.

合同者는 擧世也라. 擧世尙德意면 無物理요 擧世尙物理면
합동자 거세야 거세상덕의 무물리 거세상물리

無德意하니 是以로 哲人이 濟人에 相德物斟時니라.
무덕의 시이 철인 제인 상덕물짐시

第170事 # 노약 老弱 濟3規21模

노약老弱이란 노인은 은혜로 구제하고, 약한 사람은 방법으로 구제한다는 말이다. 은혜는 가히 바꾸지 못하는 것이고, 방법은 무궁한 것이다. 정녕 은혜로 못하고, 방법으로 못할지라도 노인에 대해서는 은혜로 구제하는 마음을 바꾸지 못하며, 약한 사람을 구제함에는 무궁한 방법이 있음을 알아야 한다.

濟老以恩(제노이은)하고 濟弱以方(제약이방)이니 恩可不易(은가불역)이요 方可無窮(방가무궁)이라. 寧爲不恩不方(영위불은불방)이언정 不可無不易無窮(불가무불역무궁)이니라.

第171事

장건
壯健

濟3規22模

장건壯健이란 젊고 건강할 때 도리를 다하여 덕을 베풀어야 한다는 말이다. 아무리 젊고 건강한 사람이라도 욕심이 많고 사람의 도리를 다하지 않아 하늘의 벌을 받게 되면 막다른 길에 서게 된다. 비록 힘들여 우물물을 바가지로 마시고자 해도 두레박줄을 건지는 정도의 은혜도 입지 못하니 그 잘못을 깨우쳐 참된 길로 돌아서야 한다. 내가 은혜를 베풀지 않으면 나에게 은혜를 베풀어줄 사람이 없다는 것을 깨달아야 한다.

壯健者는 遭天敗하며 立絕地하여 雖欲筋力井匏라도 無繩
장 건 자　조 천 패　입 절 지　수 욕 근 력 정 포　무 승

濟之單恩이니 可警其復이요 不警이면 復非恩이니라.
제 지 단 은　가 경 기 복　불 경　복 비 은

第172事 濟4規

지
智

지혜란 앎의 스승이며, 재주의 스승이고, 덕의 벗이다. 지혜는 능히 사물의 이치를 통달하고, 재주는 능히 분석하고 판단하며, 덕은 능히 감화시킨다. 오직 밝은이의 지혜만이 세상 사람을 구제하는 데 쓰인다.

智者는 知之師也며 才之師也며 德之友也라. 知能通達하며
지자 지지사야 재지사야 덕지우야 지능통달

才能剖判하며 德能感化하니 惟哲人之智라야 用濟人이니라.
재능부판 덕능감화 유철인지지 용제인

第173事

설비
設備

濟4規23模

설비設備란 베풀어 준비하는 것을 말한다. 하늘의 이치를 밝히고 하늘의 도를 설명하는 것은 사람들의 욕심을 억제하기 위해 미리 준비하는 것이다. 계명을 엮고, 마음에 새길 것을 편찬하는 것은 수신修身을 위한 준비이다. 하늘을 대신하여 베풀고 준비하는 것은 세세토록 만물을 구제하는 귀감이 된다.

明天理하며 述天道者는 制人慾之預設也요 編戒命하여 纂心銘
명천리 술천도자 제인욕지예설야 편계명 찬심명

者는 修人身之準備也니 代天設備는 爲萬世濟物之鑑이니라.
자 수인신지준비야 대천설비 위만세제물지감

第174事 濟4規24模

금벽
禁癖

금벽禁癖이란 사람의 고질적인 나쁜 버릇을 금하는 것이다. 교만하고 방자하고 잔인하고 포악한 것은 그 사람의 고질병이고, 아첨하고 중상모략하고 속이고 기만하는 것은 사람의 나쁜 버릇이다. 그러므로 규범을 정해 경계하고, 못하도록 막을 수 있게 범위를 정하는 것이 가장 좋은 약이다.

禁癖者는 禁人之痼癖也라. 驕橫殘虐은 人之痼也요 諛讒譎謊은
금벽자 금인지고벽야 교횡잔학 인고고야 유참휼황

人之癖也라. 定規箴하여 劃防閒이 是爲藥石이니라.
인지벽야 정규잠 획방한 시위약석

第175事

요검
要儉

濟4規25模

요검要儉이란 검소하도록 힘쓰는 것을 말한다. 어긋난 일을 행하는 것은 사치하는 데서 생기며 음란함도 사치하는 데서 생긴다. 검소함에 힘쓰면서 어긋난 일을 행하거나 음란한 사람은 아직 없다. 검소하면 지나치게 무엇을 구하려 들지 않으니, 사람은 죽을 때까지 검소하게 살아야 함을 깨달아야 한다.

要儉者는 爲務儉也라. 行乖生於奢하고 淫亂이 生於奢하니
요검자 위무검야 행괴생어사 음란 생어사

未有務儉而爲行乖淫亂者也라. 儉則無求니 儉爲終身之先
미유무검이위행괴음란자야 검즉무구 검위종신지선

覺이니라.
각

정식
精食

정식精食이란 평소에 먹는 잡곡밥이나 나물과 같은 소박하고 정결한 음식으로, 이는 맛있고 좋은 음식을 지나치게 구하지 않는 것을 말한다. 호랑이가 고기를 먹으려다 함정에 빠지고, 물고기가 미끼를 먹으려다 낚싯줄에 걸리는 것은 그 탐하는 입 때문이다. 입 때문에 몸을 잃으면 영혼이 기거할 곳이 없게 되니 이를 구제하는 것이 정식精食이다.

精食者는 不求重食也라. 虎陷肉穽하며 魚懸餌綸者는 貪口
정식자 불구중식야 호함육정 어현이륜자 탐구

也니 身失於口면 靈無所寄니 其濟之者는 精食乎니라.
야 신실어구 영무소기 기제지자 정식호

第177事 濟3規27模

윤자
潤資

윤자潤資란 가지고 있는 재물이 불어나는 것이다. 사람이 재물이 있으면 구차하게 바라는 것이 없고 자비로운 마음이 자라나게 된다. 재물은 부지런한 데서 이루어지고, 게으르면 잃게 된다. 옳고 바르면 그 재물을 지켜내고, 어질면 재물이 불어난다.

潤資者는 潤其資有也라. 人有資有則無苟願하여 長慈心하니
윤자자 윤기자유야 인유자유즉무구원 장자심

資有는 成之於勤하고 失之於怠라. 義則守하고 仁則潤이니라.
자유 성지어근 실지어태 의즉수 인즉윤

第178事 濟4規28模

개속
改俗

개改는 버리는 것이며 속俗은 야만을 뜻한다. 개속改俗이란 속된 것을 고치는 것으로, 야만을 버리고 문명으로 나아가는 것을 말한다. 스스로 구제하면 완전하고 남이 구제하면 엉성하며, 스스로 구제하면 제때에 하고 남이 구제하면 더디어진다. 완전함과 적당한 때는 나에게 있고, 엉성하고 더딤은 남에게 있다. 그러므로 남이 구제해 주기를 기다리는 것은 야만이고 스스로 구제하고자 하는 것은 문명이니, 야만을 버리고 문명으로 나아가면 구제의 지혜를 이루게 된다.

改는 去也요 俗은 野也라. 自濟完하고 人濟散하며 自濟時하고
개　거야　속　야야　자제완　인제산　자제시

人濟遲하니 完與時는 在我하고 散與遲는 在人하니 是以로
인제지　완여시　재아　산여지　재인　시이

待人濟者는 野也요 欲自濟者는 文也니 去野而就文이면 濟之
대인제자　야야　욕자제자　문야　거야이취문　제지

智成이니라.
지성

第179事 # 입본 立本 濟4規29模

입본立本이란 지혜의 근본을 세우는 것을 말한다. 지혜의 근본은 곧 뜻이니, 뜻을 가지고 지혜로우면 구제되나 뜻을 잃은 지혜는 구제될 수 없다. 스스로를 구제할 지혜가 없다면 남을 구제할 지혜도 부족한 것이다.

立本者는 立智本也라. 智之本은 志也니 帶志而智則濟하고
입본자 입지본야 지지본 지야 대지이지즉제

失志而智則不濟하니 無自濟之智면 欠濟人之智니라.
실지이지즉부제 무자제지지 흠제인지지

第 180 事 濟 4 規 30 模

수식
收殖

수收는 사람들의 선망을 얻는 것이고, 식殖은 재물을 널리 베풀어 쓰는 것이다. 덕으로 구제하는 데에 인망人望이 없다면 달성하지 못하고, 은혜로 구제하는 데에 재물을 베풀어 쓰지 않으면 믿지 않는다. 사람을 구제하는 지혜를 이루고자 하면, 인망을 귀하게 여기고 재물을 쓰는 것을 가볍게 여겨야 한다.

收는 收人望也오 殖은 殖財用也라. 濟之以德에 非人望이면
수 수인망야 식 식재용야 제지이덕 비인망

不達이요 濟之以惠에 非財用이면 不信이니 欲遂濟人之智者는
부달 제지이혜 비재용 불신 욕수제인지지자

貴人望而賤財用이니라.
귀인망이천재용

第181事　　　　濟4規31模

조기
造器

조기造器란 하늘이 사람됨의 그릇을 만드는 것이다. 하늘은 만인을 한결같은 형상으로 만들며, 만 가지 성품을 한결같은 품격으로 만든다. 다만 사람됨의 그릇을 만듦에 있어 여덟 가지(年干, 月干, 日干, 時干, 年支, 月支, 日支, 時支)가 서로 다르고, 아홉 가지(사람 몸에 있는 아홉 구멍, 눈 · 코 · 입 · 귀 · 요도 · 항문과 이에 조응하는 마음의 아홉 구멍을 통칭한 것)가 특별하게 다른 것은 구제할 바탕이 서로 다르기 때문이다. 마치 질그릇을 불에 달궈 연마하고 또 연마하여 완성하듯이 사람도 본래의 성품을 이루기 위해서는 시련을 통해 연마해야 한다.

造器者는 天이 爲造人器也라. 造萬人一像하며 造萬性一品이라.
조기자　천　위조인기야　조만인일상　조만성일품

但造八異而九殊者는 濟質이 互相不同하여 必陶鎔磨鍊
단조팔이이구수자　제질　호상부동　필도용마련

而成이니라.
이성

예제
預劑

예제預劑란 병이 나기 전에 미리 약을 달여 먹는 것을 말한다. 진흙 구덩이에 빠진 뒤에 붙잡고, 술에 취해 쓰러진 뒤에 물을 끼얹는 것은 일이 일어난 것을 보고서야 구제하는 것이니 그 지혜가 미물만도 못한 것이다. 땅 기운을 보고 장차 비가 올 것을 미리 알아 개미와 땅강아지는 집 구멍을 막는다.

預劑者는 病前煎藥也라. 埴壑而後扶하며 醉倒而後灌이면 是는
예제자 병전전약야 치학이후부 취도이후관 시

見物而濟之니 智不如微物乎아. 地氣將濕에 蟻螻封穴이니라.
견물이제지 지불여미물호 지기장습 의루봉혈

제5강령

화禍

제5강령 회禍 제183사 6조條 42목目

제1조	**기欺**	**제184사**
제1목	익심匿心	제185사
제2목	만천慢天	제186사
제3목	신독信獨	제187사
제4목	멸친蔑親	제188사
제5목	구운驅殞	제189사
제6목	척경踢傾	제190사
제7목	가장假章	제191사
제8목	무종無終	제192사
제9목	호은怙恩	제193사
제10목	시총恃寵	제194사
제2조	**탈奪**	**제195사**
제11목	멸산滅産	제196사
제12목	역사易祀	제197사
제13목	노금擄金	제198사
제14목	모권謀權	제199사
제15목	투권偸卷	제200사
제16목	취인取人	제201사
제3조	**음淫**	**제202사**
제17목	황사荒邪	제203사
제18목	장주戕主	제204사
제19목	장자藏子	제205사
제20목	유태流胎	제206사
제21목	강륵强勒	제207사
제22목	절종絶種	제208사
제4조	**상傷**	**제209사**
제23목	흉기凶器	제210사
제24목	짐독鴆毒	제211사
제25목	간계奸計	제212사
제26목	최잔摧殘	제213사
제27목	필도必圖	제214사
제28목	위사委唆	제215사
제29목	흉모兇謀	제216사
제5조	**음陰**	**제217사**
제30목	흑전黑箭	제218사
제31목	귀염鬼焰	제219사
제32목	투현妬賢	제220사
제33목	질능嫉能	제221사
제34목	간륜間倫	제222사
제35목	투질投質	제223사
제36목	송절送絶	제224사
제37목	비산誹訕	제225사
제6조	**역逆**	**제226사**
제38목	설신褻神	제227사
제39목	독례瀆禮	제228사
제40목	패리敗理	제229사
제41목	범상犯上	제230사
제42목	역구逆詬	제231사

화
禍

화禍란 악이 부르는 것이니, 여기에는 여섯 가지의 조와 마흔두 가지의 목이 있다.

禍者는 惡之所召이니 有六條四十二目이니라.
화 자 악 지 소 소 유 육 조 사 십 이 목

기
欺

사람의 허물과 죄는 모두 속이는 데서 비롯하니, 속이는 것은 본성을 태우는 화로와 같고, 몸을 베는 도끼와 같다. 스스로 속이는 것을 깨닫고 뉘우치면 다시 하지 않게 되므로 속이는 것을 비록 경계할 수는 있겠지만, 이미 행한 잘못을 씻을 수는 없다.

人之過戾는 無不由欺니 欺者는 燒性之爐요 伐身之斧也라.
인지과려 무불유기 기자 소성지로 벌신지부야

自行欺는 覺則不再니 故로 行欺는 雖警이나 無滌이니라.
자행기 각즉부재 고 행기 수경 무척

第185事　　禍1條1目

익심
匿心

익심匿心은 마음을 감추는 것을 말한다. 자신의 본 마음을 감추고 스스로를 속이면 결국 자신을 허수아비로 만드는 것이다. 감추고 속이는 것을 그치면 흙에 뿌리내린 나무와 같고, 속임수를 계속 행하면 시체와 다를 바가 없으니 흙에 뿌리를 내린 나무처럼 중심이 있고 거짓 없는 사람이라면 능히 일을 논의할 수 있지만, 속임수에 능한 시체와 다름없는 사람이라면 따를 수가 없으니 더불어 논의할 수도 없다.

匿은 藏也니 藏心於心하고 欺心於心이면 心已空矣라. 止則
익 장야 장심어심 기심어심 심이공의 지즉

土木이요 行則肉尸니 土木而能論事어니와 肉尸而能追人乎아.
토목 행즉육시 토목이능론사 육시이능추인호

第186事 禍1條2目

만천
慢天

만천慢天이란 하늘이 거울처럼 모든 것을 밝게 비추어 보고 있음을 알지 못하는 것이다. 착한 일을 행하여 이루는 것도 하늘의 힘이요, 악한 일을 행하여 실패하는 것도 역시 하늘의 힘이며, 험한 일을 하다가 중지하는 것 또한 하늘의 힘이다. 어리석은 사람이라도 착한 일을 행하면 하늘의 힘으로 이루게 되고, 지혜로운 사람이라도 악한 일을 행하면 하늘이 또한 실패하게 하며, 재주가 있는 사람도 험한 일을 행하면 하늘이 능력을 시험해보고, 그 힘을 거두어 들인다.

慢天者는 不知有天之鑑也라. 行善而成도 亦天力也요 行惡
만천자 부지유천지감야 행선이성 역천력야 행악

而敗도 亦天力也며 行險而中도 亦天力也라. 濛者도 行善이면
이패 역천력야 행험이중 역천력야 몽자 행선

天力成之하며 智者도 行惡이면 天亦敗之하고 巧者行險이면
천력성지 지자 행악 천역패지 교자행험

天縱試而力收之니라.
천종시이역수지

第 187 事 禍 1 條 3 目

신독
信獨

신독信獨이란 아무도 아는 사람이 없다고 여기는 것이다. 혼자 스스로 거짓을 지어내어 비록 아는 사람이 없을 거라고 생각하겠지만, 자신의 영靈이 이미 마음에 알리고 마음이 이미 하늘에 고하고 하늘이 이미 신명계神明界에 명하니 신이 이미 일월과 같은 밝음으로 그 위에서 훤히 비추어 보고 있는 것이다.

信獨者는 謂無人知覺也라. 獨自做欺하여 雖謂無知者나 靈
신독자 위무인지각야 독자주기 수위무지자 영

已告心하고 心已告天하고 天已命神하니 神已照臨하여 日月이
이고심 심이고천 천이명신 신이조림 일월

燭其上이니라.
촉기상

第188事 禍1條4目

멸친
蔑親

멸친蔑親이란 골육지친骨肉之親(부모, 형제, 자녀 등의 혈족)을 속이는 것이다. 골육이 골육을 속이는 것은 이익 때문인가, 의리 때문인가. 만약 일을 도모하는 데 마음이 합치되지 않아 위에서 못하게 하면, 아랫사람은 윗사람에게 간곡하게 진언할 뿐이다. 골육을 속여 사사로운 욕망을 이루려 한다면 그 집안은 반드시 어지럽게 된다.

蔑親者는 欺骨肉之親也라. 以骨肉으로 欺骨肉者는 其爭利歟아 鬪義歟아. 若謀心不合하여 上禁止下면 下諫諍上而已라 欺骨肉而成私者는 其家必亂이니라.

멸친자 기골육지친야 이골육 기골육자 기쟁리여 투의여 약모심불합 상금지하 하간쟁상이이 기골육이성사자 기가필란

第 189 事

구운
驅殞

禍 1條 5目

구운驅殞이란 사람을 궁지로 몰아넣는 것을 말한다. 강한 자가 약한 자를 능멸하고, 꾀 있는 자가 어리석은 자를 희롱하며, 혹 구하는 바에 이르지 못하거나 말하는 바를 따르지 않는다 하여 암암리에 새나 짐승이 그물 함정에 걸려 날개와 살점이 어지럽게 흩어지듯 큰 상처를 입힌다면, 하늘은 약하고 어리석은 자가 다시 당하지 않도록 그 큰 속임을 천둥소리로 경계한다.

驅殞者는 驅人於絶地也라. 强者는 凌弱하며 謀者는 弄痴하여
구운자 구인어절지야 강자 능약 모자 농치

或所求不至하며 所言不從이면 暗驅網穽하여 羽肉이 狼藉라
혹소구부지 소언부종 암구망정 우육 랑자

天不復弱痴者로 聲其大欺也니라.
천불부약치자 성기대기야

第190事 禍1條6目

척경
踢傾

척경踢傾이란 사람을 걷어차서 넘어지게 하는 것을 말한다. 건장한 사람들이 공모하여 아랫사람을 발로 차 쓰러뜨리는 것은 잔인한 일이며, 쓰러뜨리고자 하는 마음을 품는 것은 강자에게 아부하는 것이다. 동인이 서인을 걷어차면서, 동인은 도리어 서인을 의심하고 서인은 아픔을 새긴다. 아부와 속임에는 갈등이 생기기 마련이니 속이는 길은 험하기만 하다. 하늘은 마침내 동인으로 하여금 아부하고 속이는 사람끼리 서로 걷어차서 넘어지게 한다.

踢傾者는 踢傾人也라. 和健은 同謀하고 踢下는 傾殘이요 所
척경자 척경인야 화건 동모 척하 경잔 소

欲者는 阿附也라. 爲東人而踢西人이며 東人은 反疑之하고 西
욕자 아부야 위동인이척서인 동인 반의지 서

人은 刻痛之하니 崎哉라 欺也여 竟使東人으로 踢相傾者니라.
인 각통지 기재 기야 경사동인 척상경자

第 191 事 禍 1 條 7 目

가장
假章

가장假章이란 유명한 문장을 거짓으로 꾸며서 속이는 것을 말한다. 붓을 잡은 사람이 남의 글을 희롱하고, 글씨를 바꿔서 어질고 선량한 사람을 거짓으로 모함하고, 흉하고 모진 것을 종용하여 선악이 뒤집히고 길흉을 바꾸어 표현하면, 이는 한 사람을 속이고 한 세상을 속이는 것이니 하늘은 반드시 용납하지 않을 것인데 하물며 이를 행하겠는가.

假章者(가장자)는 假托文章而欺也(가탁문장이기야)라. 秉筆者(병필자)는 弄文換墨(농문환묵)하여 捏陷(날함)賢良(현량)하고 慫慂凶獰(종용흉녕)하여 善惡(선악)을 顚倒(전도)하며 吉凶(길흉)이 易地(역지)라. 欺(기)一人(일인)하며 欺一世(기일세)하니 天必不容(천필불용)이요 況于斯哉(황우사재)아.

第192事 禍1條8目

무종
無終

무종無終이란 시작할 때부터 마치지 않을 생각을 품고 속이는 것을 말한다. 사람이 일을 처리함에 있어 시작은 잘 하고 마침이 없는 사람이 있고, 잘 시작해서 잘 마치는 사람이 있으며, 어쩔 수 없이 절반쯤에서 멈추는 사람도 있는데, 이는 모두 행한 뒤에 알게 된다. 오직 무종만이 처음부터 꾀하여 먼 이치를 가까운 이치라 하고, 좋지 않게 짓는 것을 좋게 짓는다고 속인다. 그러나 그 사사로운 욕심이 극에 달하면 반드시 뒤집어진다.

無終者는 始懷無終而欺也라. 人於處事에 有克始無終者하며
무종자 시회무종이기야 인어처사 유극시무종자

有善始善終者하며 有無奈半停者하니 皆行後知之라. 惟此
유선시선종자 유무내반정자 개행후지지 유차

無終은 始誘也에 遠理를 謂之近理라 하며 歹做를 謂之好做라
무종 시유야 원리 위지근리 대주 위지호주

하여 極其私慾則必反之니라.
극기사욕즉필반지

第193事 禍1條9目

호은
怙恩

호怙란 의지한다는 뜻으로, 호은怙恩이란 은혜를 믿고 의지하는 것을 말한다. 남이 자기에게 은혜를 베풀면 마땅히 은혜를 갚을 생각을 해야 한다. 남이 자기에게 베푼 깊은 은혜를 도리어 가볍게 여기고, 은인의 은혜가 줄어들었다 해서 은인을 저버리고 방해까지 한다면, 그것이 과연 옳은 일이겠는가.

怙는 倚也라. 人이 恩已에 宜思報恩이니 恩已之深을 反輕之
호 의야 인 은기 의사보은 은기지심 반경지

하고 恩人恩衰에 又負之하며 又妨之면 其可乎아.
은인은쇠 우부지 우방지 기가호

第194事 禍1條10目

시총
恃寵

시恃는 신뢰하는 것으로, 시총恃寵이란 총애를 믿는 것을 말한다. 어리석은 사람이 총애를 입으면 마치 메말랐던 나뭇잎이 푸르게 되살아나는 것과 같으니, 어찌 감히 방자한 생각을 품겠는가. 그러나 총애를 빙자하여 오로지 속이고 해치려는 마음을 써서 마음 가운데 좀이 슬면, 총애하던 사람의 마음도 점점 식어서 저절로 멀어지게 된다.

恃는 賴也라. 蒙人存寵이면 殘葉이 青秀니 敢懷恣肆리오. 專
시 뇌야 몽인존총 잔엽 청수 감회자사 전

用瞞害하여 蠹於中心이면 存寵者冷하여 自去之하니라.
용만해 두어중심 존총자냉 자거지

탈
奪

인간의 물욕이 영혼을 가리면 마음의 구멍이 막힌다. 사람의 몸에 있는 아홉 구멍이 다 막히면 금수禽獸와 같아져서 단지 먹이를 빼앗아 먹으려는 욕심만 있을 뿐 염치도 두려움도 없어진다.

物慾이 蔽靈이면 竅塞하니 九竅盡塞이면 與禽獸相似하여
물욕 폐령 규색 구규진색 여금수상사

只有食奪之慾而已요 未有廉恥及畏怯이니라.
지유식탈지욕이이 미유염치급외겁

第196事 禍2條11目

멸산
滅産

멸산滅産이란 남의 산업을 망하게 하는 것을 말한다. 남의 산업을 망하게 하여 자기 소유물로 삼는다면 어찌 그것이 편안하고 오래 가겠는가. 하늘이 그 넋을 빼앗아 자신의 허물을 원망하며 살게 할 것이다.

滅産者는 滅人之産業也라. 滅人産業하여 爲己所有면 能安
멸 산 자 멸 인 지 산 업 야 멸 인 산 업 위 기 소 유 능 안

享乎아 能長久乎아. 天奪其魄하여 與之懟頭니라.
향 호 능 장 구 호 천 탈 기 백 여 지 대 두

역사
易祀

역사易祀란 남의 집 제사를 바꿔 지내는 것을 말한다. 꾀를 부려 남의 재물을 빼앗고 남의 조상을 바꿔서 몰래 제사를 지내게 되면 인륜을 어지럽히는 것이다. 결국 인륜은 사라지고 암흑 천지가 되어 버린다.

易祀者는 換人家祀也라. 謀奪人財하며 換人宗子하고 陰易其
역사자 환인가사야 모탈인재 환인종자 음역기

祀하면 倫理轉矣라 自有冥冥하리라.
사 윤리전의 자유명명

第198事

노금
擄金

禍2條13目

노금擄金이란 남의 돈을 윽박질러 빼앗는 것을 말한다. 농사는 한 해를 수고하여 돈이 생기고, 학자는 매달 그믐에 돈이 생기며, 장사는 저녁 때에 돈이 모이고, 공장에는 아침부터 돈이 생기며, 품일꾼은 시간에 따라 돈이 생긴다. 무슨 일로 노략질하여 돈을 빼앗으려 하는가. 노략질에 드는 힘이 농사보다 무겁고, 학문보다 수고로우며, 장사보다 힘들고, 공업보다 사나우며, 품팔이보다 고통스럽다. 이처럼 무겁고 수로롭고 힘들고 사납고 고통스러워도 또한 돈을 얻지 못하는데, 몸을 움직여 노력하지 않고 돈을 얻을 수 있겠는가.

擄金者는 劫人之金也라. 農有歲金하고 學有晦金하며 商有暮
노금자 겁인지금야 농유세금 학유회금 상유모

金하고 工有朝金하며 役有時金이니 何事擄而後에 取金이리오.
금 공유조금 역유시금 하사노이후 취금

擄之力이 重於農하고 勞於學하고 强於商하고 猛於工하고
노지력 중어농 노어학 강어상 맹어공

苦於役이라. 重勞强猛苦라도 而且不得金이거늘 無身而有리오.
고어역 중로강맹고 이차부득금 무신이유

모권
謀權

모권謀權이란 남의 권리를 모략으로 빼앗는 것을 말한다. 남의 정당한 권리를 구차한 욕심으로 빼앗으려 꾀하는 것은, 마치 돌 위에 뿌린 씨앗이 뿌리를 내리지 못하는 것처럼 결국에는 성공하지 못한다. 비록 성공한다 해도 그것은 산골짜기에 사는 사람이 배를 모는 것과 같고, 섬사람이 작은 섬에서 말을 달리는 것과 같아서 위험이 따른다.

謀權者는 謀奪人之權也라. 人之應權을 苟欲謀奪이면 石上
모권자 모탈인지권야 인지응권 구욕모탈 석상

種苗가 不可托根이라. 雖成이라도 峽人駕舟요 島人御馬니라.
종묘 불가탁근 수성 협인가주 도인어마

第200事 禍2條15目

투권
偸卷

투권偸卷이란 남의 문권(땅, 집 등의 권리를 나타낸 문서)을 모방하는 것을 말한다. 실물을 훔치고자 문서를 거짓으로 꾸미는 것은 마치 소에 용 무늬를 그리고, 개가 호랑이 가죽을 뒤집어 쓴 것과 같다. 결국 백 걸음도 못 가 소는 넘어지고 개는 뒤집어진다.

偸卷者는 倣人之卷也라. 欲偸實하여 有粧之假質이면 牛畵龍
투권자 방인지권야 욕투실 유장지가질 우화용

文이요 犬冒虎皮라. 百步之內에 牛顚犬仰하리라.
문 견모호피 백보지내 우전견앙

第201事

취인
取人

禍2條16目

취인取人이란 남의 이름을 도둑질하는 것이다. 남의 공을 자기 공으로 삼으며 남이 베푼 은혜를 자기가 베푼 은혜라고 내세우는 것은 본받을 것도, 아름답게 여길 것도 못 된다. 이는 곧 남의 이로움을 훔치고 남의 명예를 도둑질하여 자신의 이익을 추구하는 것이니, 그 공이 헛되어 결국 아무 이익도 명예도 없게 된다.

取人者는 窃人之名也라. 人功을 爲己之功하며 人惠를 爲己
취인자 절인지명야 인공 위기지공 인혜 위기

之惠者는 非師之요 又非娟之라. 乃偸利窃譽也니 虛功沒利
지혜자 비사지 우비연지 내투리절예야 허공몰리

하며 虛惠無譽니라.
허혜무예

음
淫

음란한 것은 몸을 망치는 시작이고, 인륜 도덕을 어지럽히는 근원이며 집안을 혼란케 하는 근본이다. 돼지는 성정性情이 음탕하고 개는 색정色情이 음탕하며 양은 기운이 음탕하다. 그래서 음탕한 사람을 삼축三畜이라 하는 것이다.

淫은 敗身之始요 混倫之源이요 亂家之本也라. 猪也性淫하고
음 패신지시 혼륜지원 난가지본야 저야성음

狗也色淫하고 羊也氣淫하니 故로 淫人을 謂之三畜이니라.
구야색음 양야기음 고 음인 위지삼축

第203事 禍3條17目

황사
荒邪

황荒은 몸을 돌보지 않고 음란한 행위를 즐기는 것이고, 사邪는 목숨도 생각하지 않고 음란한 것을 보는 것이다. 음란함을 즐겨 몸을 돌보지 않으면 윤리와 도덕이 무너지고, 음란한 것에 빠져 생명을 생각하지 않으면 근심과 재앙이 연이어 뒤따른다.

荒은 樂淫而忘身也요 邪는 見淫而忘命也라. 樂淫而忘身이면
황 요음이망신야 사 견음이망명야 요음이망신

道理顚覆하고 見淫而忘命이면 患難이 接踵이니라.
도리전복 견음이망명 환란 접종

장주
戕主

장주戕主란 그 아내를 범하고 그 남편을 해치는 것을 말한다. 음란함에는 지혜롭고 어리석음이 따로 없다. 지혜로 해치는 것은 귀신처럼 꾀를 써서 하고, 어리석게 해치는 것은 일월과 같아 드러내놓고 한다. 어떤 경우이든 바람이 불면 풀이 움직여 그 소리와 빛이 저절로 나타나듯 스스로 그 형색을 드러낸다.

戕主者는 淫其婦而害其夫也라. 淫無智愚나 智戕也에 鬼神이
장주자 음기부이해기부야 음무지우 지장야 귀신

質其謀하고 愚戕也에 日月이 質其頑하니 風吹草動하여 聲
질기모 우장야 일월 질기완 풍취초동 성

色이 自顯이니라.
색 자현

第205事 禍3條19目

장자
藏子

장자藏子란 음란한 잉태를 숨기는 것을 말한다. 음란하여 낳은 아이를 몰래 감추어서 자신의 성씨인 것을 피하려 해도 피하기 어렵고, 사랑을 끊으려 해도 끊지 못하여 오히려 남의 구원을 바라게 되니, 어찌 다행할 것을 기약하겠는가. 음란함에는 반드시 그 씨가 있다.

藏子者는 匿淫胎也라. 淫產藏夜면 名雖避나 難避요 愛雖絶
장자자 익음태야 음산장야 명수피 난피 애수절

이나 不絶하여 猶望他救에 豈期幸也리오. 淫必有種이니라.
부절 유망타구 기기행야 음필유종

유태
流胎

유태流胎란 음란하게 잉태한 태아를 약을 써서 유산시키는 것을 말한다. 하늘이 악한 종자를 떨어뜨리더라도 땅은 반드시 받아서 낳고, 비와 이슬은 이를 자라게 한다. 향기로운 풀 곁에 악취나는 풀이 있는 것이니 만약 하늘의 이치를 어기면 반드시 이치대로 돌아간다.

流胎者는 藥於淫孕也라. 天落惡種이라도 地必受生이요 雨露
유태자　약어음잉야　천락악종　지필수생　우로

長之하여 蕕以薰傍이니 若違天理하면 理有所歸니라.
장지　유이훈방　약위천리　이유소귀

第207事 禍3條21目

강륵
强勒

강륵强勒이란 남의 아내와 첩을 강제로 간음하는 것을 말한다. 화농和濃은 서로 눈이 맞아 간사하게 음란한 행위를 하는 것이고, 강륵은 도둑질하듯이 음란한 행위를 하는 것이다. 화농도 하늘이 용서하지 않는데, 강륵을 용서하겠는가. 이는 불나비가 등불을 쳐서 그 불꽃에 제 몸을 태워버리는 것과 같다.

强勒者는 欲淫人之妻妾하여 强之勒之也라. 和濃은 淫之奸
강륵자 욕음인지처첩 장지륵지야 화농 음지간

也요 强勒은 淫之賊也라. 和濃도 天且不赦한데 强勒을 赦乎아.
야 강륵 음지적야 화농 천차불사 강륵 사호

飛蛾撲燈이면 有焰燒身이니라.
비아박등 유염소신

第208事 禍3條22目

절종
絶種

절종絶種이란 남의 집 과부를 간음하여 그 집안 대를 이어갈 후손을 끊는 것을 말한다. 어린이가 우물가로 가까이 가면 반드시 멀리 옮겨 주고, 죽순이 싹트면 사람들은 반드시 밟지 않는 법인데, 이미 그 어미와 통정하며 즐기니 어찌 그 뱃속의 아이에게 차마 못할 짓을 하려는가. 적막하고 어두운 방이라도 하늘이 다 지켜보고 있다.

絶種者(절종자)는 淫人寡女而絶其嗣也(음인과녀이절기사야)라. 稚子近井(치자근정)에 人必遠徙(인필원사)하고 筍芽始生(순아시생)에 人必不踏(인필부답)이니 旣歡其母(기환기모)하고 寧忍其子(영인기자)리오. 寂寞暗室(적막암실)이라도 天眼(천안)은 如輸(여수)니라.

第209事 禍4條

상
傷

상傷이란 사람을 해치는 행위를 말한다. 하늘은 악한 사람이 남을 해치는 것을 노여워하여 천둥번개로 경계하고 벼락으로 위협한다. 그래도 악한 사람이 이익을 탐하고 혐오스러운 세계에서 눈을 돌리지 못하고 계속 악한 행위를 하면, 양으로 음으로 남을 해치는 그 행동에 따라 가볍고 무거운 벌이 떨어진다.

傷은 傷人也라. 天이 怒惡人傷人하여 雷霆警之하며 霹靂威
상 상인야 천 노악인상인 뇌정경지 벽력위

之하니 惡之不回頭於利嫌界하여 行不仁手段이면 其陽傷
지 악지불회두어리혐계 행불인수단 기양상

陰傷이 罰有輕重이니라.
음상 벌유경중

第210事

흉기
凶器

禍 4 條 23目

흉기凶器란 쇠붙이로 만든 기구를 말한다. 쇠붙이로 감히 사람을 해치려 하는가! 사람을 상하게 하는 자도 사람이고 상처를 입는 자 또한 사람이다. 사람의 신체는 부모에게서 받으며, 부모가 길러준 것이니 사람을 해치는 자는 부모도 없이 홀로 나고 자랐단 말인가.

凶器者는 金鐵之屬也라. 以金鐵로 敢傷人乎아. 傷人者도 人
흉기자 금철지속야 이금철 감상인호 상인자 인

也요 被傷者도 亦人也라. 人之身體를 受於父母하며 育於父
야 피상자 역인야 인지신체 수어부모 육어부

母하니 傷人者는 獨無父母乎아.
모 상인자 독무부모호

짐독
鴆毒

짐독鴆毒이란 짐새가 뿜어내는 독을 말한다. 독사가 천 년을 묵으면 짐새가 되고, 그 짐새가 날아갈 때에 그림자가 비친 물을 먹으면 죽게 되므로 효자는 부모에게 음식을 올릴 때 반드시 뚜껑이나 보자기를 덮어 중천에 짐새가 날아가도 그림자가 음식물에 비치지 않게 한다.
짐독은 흉기보다 더 독하니 쇠붙이로 상해를 입은 사람은 목숨을 건질 수 있지만, 짐새의 독이 든 물을 마신 사람은 살아남을 수가 없다. 부모에게 효도하는 사람은 하늘로부터 짐독을 받아 일찍 죽는 일이 없다.

鴆毒者는 鴆藥也라. 鴆毒이 毒於器하니 金鐵加人은 或有可保로대 鴆水灌人은 合無餘命이니 孝於父母者는 喜其全歸歟인저 孝子는 無受鴆之天이라.
(짐독자 짐약야 짐독 독어기 금철가인 혹유가보 짐수관인 합무여명 효어부모자 희기전귀여 효자 무수짐지천)

第212事

간계
奸計

禍4條25目

간계奸計란 간사한 계략으로 사람을 해치는 것을 말한다. 간사하다는 것은 요사스러운 재주와 능력이니, 일을 하는 데 간사하면 근심이 뒤따르고, 만물에 간사하면 망치게 된다. 하물며 간사한 계략으로 사람을 해치겠다는 것인가. 그러한 계략은 눈 위에 붉고 푸른 단청을 입히는 격이니, 햇살이 비치면 눈이 녹아 단청은 사라지고 그 간교함은 금방 드러날 것이다.

奸計者는 奸計傷人也라. 奸은 妖邪之技能也니 奸於事면 未
간 계 자 간 계 상 인 야 간 요 사 지 기 능 야 간 어 사 미

有不患者요 奸於物이면 未有不敗者라. 況以奸傷이리오 其計
유 불 환 자 간 어 물 미 유 불 패 자 황 이 간 상 기 계

能丹青於雪而不消乎아.
능 단 청 어 설 이 불 소 호

第213事

최잔
摧殘

禍 4 條 26 目

최잔摧殘이란 썩은 가지가 바람에 꺾이는 것을 말한다. 비록 모함을 받고 원한이 있더라도 차마 잔인하게 하지 못하는 것은 어진 마음이 있기 때문이다. 어진 마음을 갖고 살아가면 모함과 원한이 저절로 풀리고 행복과 이로움이 스스로 찾아온다. 만약 썩은 나뭇가지 꺾듯이 쉽게 그리고 순간에 상대방을 무너뜨린다 해도, 이듬해 봄이 되면 그 뿌리가 다시 뻗어나듯이 모함과 원한이 싹트게 될 것이니 어진 마음으로 살아가야 한다.

摧殘者는 拉朽枝也라. 雖有嫌怨이나 不忍於殘者는 仁界也니
최잔자 납후지야 수유혐원 불인어잔자 인계야

蹈仁界則嫌怨이 自解하고 福利自至라. 若以拉朽之易로 飜
도인계즉혐원 자해 복리자지 약이랍후지이 번

然下抉之라도 未年에 春根이 復至니라.
연하결지 미년 춘근 부지

第214事

필도
必圖

禍4條27目

필도必圖란 남을 모함하려는 뜻을 마음에 새겨 두는 것을 말한다. 정성에는 반드시 지킴이 있고, 믿음에는 반드시 실천이 있으며, 사랑에는 반드시 용서가 있고, 구제에는 반드시 지혜가 있으니 이는 사람의 본성이다. 이와 반대로 작은 혐의에도 반드시 사람을 해치려는 마음을 먹고, 해칠 기회를 엿본다면 결국 남을 해치지도 못하고 그런 생각을 버리지도 못하게 되어 사람의 본성을 죽인다. 문을 열고 보니 검은 구름이 하늘에 가득하다.

必圖者는 刻意圖之也라. 於誠에 有必守요 於信에 有必踐이요
필도자 각의도지야 어성 유필수 어신 유필천

於愛에 有必恕요 於濟는 有必智니 此人之天性也라. 反此하여
어애 유필서 어제 유필지 차인지천성야 반차

於微嫌에 有必圖傷人之心하여 覓謀尋險하여 不傷不忘하니
어미혐 유필도상인지심 멱모심험 불상불망

天性이 滅矣라. 開戶視之에 黑雲滿天이니라.
천성 멸의 개호시지 흑운만천

위사
委唆

위사委唆란 남을 시켜서 어떤 일을 하는 것을 말한다. 일이 제대로 돌아가지 않을 때 남의 도움을 청하는 것은 정성이며, 신용을 저버리지 않기 위해 남의 도움을 구하는 것은 의로움이다. 사사로운 원한을 갚으려고 남에게 부탁하는 것은 심히 어질지 못한 것이며, 남의 원한을 풀어 주기 위해 떳떳하지 못한 청탁을 받는 것도 지혜롭지 못한 것이다. 그러한 부탁을 하는 사람은 위태로워지고 부탁을 받는 사람은 망하게 된다.

委唆者는 托囑於人也라. 事輪不轉에 請人助力은 誠也요 信
위사자 탁촉어인야 사륜부전 청인조력 성야 신

河難挽에 求人扶翼은 義也라. 欲報私怨하여 托於人은 不仁
하난만 구인부익 의야 욕보사원 탁어인 불인

之甚이요 欲爲人解怨하여 受非常之囑은 不智也라 指者는
지심 욕위인해원 수비상지촉 부지야 지자

危하고 領者는 亡하니라.
위 영자 망

第216事

흉모
兇謀

禍4條29目

흉모兇謀란 모략과 중상을 행하는 것을 말한다. 사람이 모략과 중상을 계속하면 착한 사람을 화나게 하며 의로운 사람을 헐뜯게 된다. 아무 이유 없이 사물의 이치를 그릇되게 하고, 까닭 없이 하늘의 이치를 없애는 결과가 되니, 당장에 큰 재앙이 없다 해도 오래도록 작은 재앙이 끊이지 않을 것이다.

兇謀者는 蠻行也라. 人有蠻行則怒善人하며 咬義人하여 無何而惡戮物理하고 無何而頑滅天道하니 禍不驟라도 乃長夜雨漫이니라.
흉모자 만행야 인유만행즉노선인 교의인 무하이오륙물리 무하이완멸천도 화불취 내장야우만

음
陰

음陰이란 남모르게 꾀하는 것을 말한다. 정의롭지 못할 때, 술책이 없을 때, 욕심이 지나칠 때 음모를 꾸미게 된다. 음모를 통해 이루어지는 것은 재앙뿐이다.

陰은 陰謀也라. 義窮에 歸陰謀하며 術盡에 生陰謀하고 欲極에
음 음모야 의궁 귀음모 술진 생음모 욕극

立陰謀하니 陰謀而成者는 禍也니라.
입음모 음모이성자 화야

第218事 禍5條30目

흑전
黑箭

흑전黑箭이란 어두운 곳에서 사람을 쏘는 것을 말한다. 지혜의 화살을 쏘는 것은 남과 같이 하지만, 계략의 화살을 쏘는 것은 반드시 자기 혼자 한다. 차라리 지혜의 화살을 쏠지언정 계략의 화살을 쏘아서는 안 된다. 사냥을 하면서 잠자는 짐승을 죽이지 않는 것은 어진 마음이니, 사람이 어질지 못하면 사람의 도리를 잃고, 사람의 도리를 잃으면 재앙이 불을 뿜듯 덮칠 것이다.

黑箭者는 暗地射人也라. 智箭은 或兼人하며 謀箭은 必由己니
흑전자 암지사인야 지전 혹겸인 모전 필유기

寧可智언정 不可謀라. 獵不殺宿은 仁也니 人而不仁이며
영가지 불가모 엽불살숙 인야 인이불인

貶人道라 貶人道者는 其禍仰噴이니라.
폄인도 폄인도자 기화앙분

第219事 禍5條31目

귀염
鬼焰

귀염鬼焰이란 술에 취해 남의 집에 불을 지르는 것을 말한다. 불이 일어나는 것은 만물의 자연적인 이치이며, 술에 취해 정신이 혼미해지는 것은 사람의 자연적인 이치이다. 이 자연적인 이치가 만물을 어지럽히기도 하고 사람을 해치기도 한다는 것을, 큰 불이 일어나고서야 돌이켜 깨닫게 된다.

鬼焰者는 放火於醉人之家也라. 火之發은 物之自然之理也요
귀염자 방화어취인지가야 화지발 물지자연지리야

醉之昏은 人之自然之理也라. 縱自然之物하여 害自然之人
취지혼 인지자연지리야 종자연지물 해자연지인

이면 大火가 反及於醒이니라.
대화 반급어성

第220事

투현
妬賢

禍5條32目

투현妬賢이란 소인배가 어진 사람을 미워하는 것으로, 마치 여자가 여자를 질투하는 것과 같다. 자신의 단점으로 남의 장점을 질투하니, 어찌 단점이 장점을 따라가겠는가. 새를 잡으려고 친 거미줄이 새의 날개로 인해 망가져 오히려 거미에게 재앙이 되는 것처럼 소인배가 어진 사람을 질투하면 결국 자신이 다치게 된다.

妬賢者는 小人이 惡賢人을 如女妬女也라. 將己短으로 妬人長하니 短能距長否아. 翼殘蛛網者는 蛛之禍也니라.

투현자 소인 오현인 여녀투녀야 장기단 투인 장 단능거장부 익잔주망자 주지화야

第221事 禍5條33目

질능
嫉能

질능嫉能이란 덕이 없는 사람이 덕 있는 사람을 훼방놓으며, 재주 없는 사람이 재주 있는 사람을 헐뜯는 것을 말한다. 덕과 재능이 상대방에게 못 미치면 양보해야 하며, 이미 양보하지 않았다면 나중에라도 양보할 일이다. 양보하는 것도 모르고, 뒤에라도 양보할 줄 모르면서, 홀로 앞서고자 덕과 재주 있는 사람을 해치려는 자는 인류의 큰 도적이다. 이런 도적은 그물을 벗어날 수는 있어도 오래 가지는 못한다.

嫉能者는 無德으로 妨有德하며 無才로 毁有才也라. 旣不如면
질능자 무덕 방유덕 무재 훼유재야 기불여

可讓이요 旣不讓이면 可後니 不知讓하며 不知後하고 獨欲先
가양 기불양 가후 부지양 부지후 독욕선

陰害德才者는 人族之大盜也라. 盜能脫羅나 無餘世니라.
음해덕재자 인족지대도야 도능탈라 무여세

第222事

간륜
間倫

禍5條34目

간륜間倫이란 인륜을 이간질하는 것을 말한다. 겨울이 따뜻한 것을 보고 기뻐하는 사람은 어리석고, 봄이 추운 것을 보고 두려워하는 사람 역시 어리석다. 어리석은 자가 자신의 욕심을 위하여 인륜을 끊고자 꾀하지만, 겨울의 따뜻함이 얼마나 오래 갈 것이며 봄날의 추위가 또 얼마나 오래 가겠는가. 이간질하는 사람은 겨울날의 따뜻함과 같고, 이간질당하는 사람은 봄날의 추위와 같다. 겨울이 따뜻하다가 다시 추워지고 봄이 춥다가 다시 따뜻해지는 것처럼, 이간질하는 사람에게 재앙이 되돌아오는 것은 하늘의 이치다.

間倫者는 離間人倫也라. 見冬煖而喜者는 愚하고 見春寒而
간륜자 이간인륜야 견동난이희자 우 견춘한이

畏者도 亦愚니 爲己贅慾하여 謀絶人倫則冬長煖乎며 春長
외자 역우 위기췌욕 모절인륜즉동장난호 춘장

寒乎아. 聽間者는 冬煖也요 受間者는 春寒也라. 冬煖이 更寒
한호 청간자 동난야 수간자 춘한야 동난 갱한

하고 春寒이 更煖이면 禍旋至者니 此는 天理也니라.
춘한 갱난 화선지자 차 천리야

第223事 禍5條35目

투질
投質

투질投質이란 남의 좋은 바탕을 낮게 깎아 내리는 것을 말한다. 불만에 찬 목소리로 남을 헐뜯고, 남의 진실을 거짓으로 만들고, 결실을 지나치게 꾀하여 바탕과 재물을 내던지게 하고, 바탕과 재물을 잃게 하여 그 살 길을 막는 사람은 하늘이 그 숨은 마음을 파헤쳐 낼 것이니, 이는 마치 꿩이 우는 소리를 듣고 그 자취를 아는 것과 같다.

投質者는 投下可質也라. 爲呵嫌嚨하고 謀人實過하고 投之質
투질자 투하가질야 위가혐롱 모인실과 투지질

物하며 堡其活路者는 天破其隱이니 鳴得雉跡이니라.
물 보기활로자 천파기은 명득치적

第224事 禍5條36目

송절
送絶

송절送絶이란 겉으로는 은혜롭게 생각하면서 속으로는 원수처럼 여기는 것을 말한다. 은혜는 원수로 여기지 않고, 원수는 은혜로 여기지 않는 것이 사람의 이치이다. 하고자 하는 바가 아니라고 해서 잠깐 은혜롭게 하다가 모해謀害함이 깊어지면, 그 욕심이 반드시 남의 집안을 어지럽힌다. 이는 마치 핏자국이 마르기 전에 이웃집 닭들이 번갈아 울어대는 것과 같아 그 잘못이 금방 드러나게 된다.

送絶者는 陽惠陰仇也라. 惠不仇하며 仇不惠는 人理也니 非
송절자 양혜음구야 혜불구 구불혜 인리야 비

有所欲이면 乍爲惠而謀害深하여 其所欲爲必亂人家리니 血
유소욕 사위혜이모해심 기소욕위필란인가 혈

痕未乾에 隣鷄迭唱이니라.
흔미건 인계질창

第225事

비산
誹訕

禍5條37目

비산誹訕이란 소인이 입으로만 착한 것이다. 소인이 남을 흉보고 헐뜯는 데 온 마음을 다 쓰면 고치기 힘든 몹쓸 병보다 더 독하여 사람의 호흡을 곤란하게 하며 보이지 않는 칼로 사람을 베는 것과 같다. 따라서 칼날 같은 소인의 혀는 칼자루가 날카롭고, 칼집은 간악하다.

誹訕者를 小人之善口也라. 全心則毒于惡疾하여 困人軟呼吸
비산자 소인지선구야 전심즉독우악질 곤인연호흡

하며 割人不見刀나 其刀는 利柄奸鞘니라.
할인불견도 기도 이병간초

第226事　　禍6條

역
逆

역逆이란 지극히 순조롭지 못한 것을 말한다. 사람의 모든 일은 순리를 따를 때 성공하고, 순리에 역행할 때 실패한다. 순리에 역행하여 큰 복과 큰 이익을 구하는 자는 토끼가 잡혀 죽을 줄도 모르고 입구가 하나인 굴 속에서 움직이지 않고 가만히 있는 것과 같다.

逆은 不順之極也라. 人之百行이 成于順하고 失于逆이니 逆
역　불순지극야　인지백행　성우순　실우역　역

而求大福大利者는 兎止一窟이니라.
이구대복대리자　토지일굴

第227事

설신
褻神

禍6條38目

설신褻神이란 불경스러운 말로 하느님을 욕되게 하는 것을 말한다. 하늘의 도리를 아는 자는 하느님을 모욕하지 않으며, 하늘의 이치를 아는 자는 하느님을 원망하지 않는다. 그러므로 하느님을 욕되게 하는 자는 도리도 모르고 이치도 모르는 자이다.

褻神者는 以不敬言語로 褻天神也라. 知天道者는 不凌天하며
설신자 이불경언어 설천신야 지천도자 불릉천

知天理者는 不怨天하니 是以로 褻天者는 無道無理니라.
지천리자 불원천 시이 설천자 무도무리

第228事 # 독례 濱禮 禍6條39目

독례濱禮란 예의범절을 모두 없애버리는 것을 말한다. 사람에게 예의는 몸의 손발과 같고 집의 문과 같다. 손발을 움직이지 않고 몸을 옮긴 사람은 없으며, 문을 통하지 않고 집에 들어간 사람도 없다. 그러므로 예의범절을 모두 없애 버리고 나쁜 풍속을 이루려는 자는 그 타락한 무리의 우두머리가 될 것이다.

瀆禮者는 撲滅禮行也라. 禮於人에 如體之手脚과 室之門戶하니
독례자 박멸예행야 예어인 여체지수각 실지문호

不動手脚而運體者는 未有也며 不由門戶而達室者未有也라.
부동수각이운체자 미유야 불유문호이달실자미유야

撲滅禮行하고 區成惡俗者는 其比類之首悖乎인저.
박멸예행 구성악속자 기비류지수패호

第229事 禍6條40目

패리
敗理

패리敗理란 하늘의 이치를 무너뜨리고 어지럽히는 것을 말한다. 선善을 버리고 악惡을 지으며, 올바름을 버리고 사악함을 행하는 것은 하늘의 이치를 어기는 것이다. 악한 행동을 일삼으면서 오히려 선한 사람을 공격하고, 사악함에 젖어 오히려 올바른 것을 깎아내리는 것은 하늘의 이치를 무너뜨리는 것이다.

敗理者는 壞亂天理也라. 捨善而做惡하며 棄正而行邪는 違
패리자 괴란천리야 사선이주악 기정이행사 위

天理也요 做惡而反伐善하며 邪而反貶正이면 敗天理也니라.
천리야 주악이반벌선 사이반폄정 패천리야

第230事 禍6條41目

범상
犯上

범상犯上이란 윗사람을 거역하여 허물을 씌우는 것을 말한다. 자식이 부모에게 효도하지 않고, 신하가 직분을 다하지 않으며, 제자가 도리어 훈계하고, 형제가 화목하지 않으며, 부부가 주색에 빠져 불화한 것은 모두 윗사람을 거역하는 것이니 모든 재앙의 근원이 바로 여기에 있다.

犯上者는 犯上科過戾也라. 子而不孝하며 臣而不職하며 弟子而反訓하며 兄弟而不睦하고 夫婦而荒亂不和는 皆上科過戾니 百禍根於玆니라.
범상자 범상과과려야 자이불효 신이부직 제자이반훈 형제이불목 부부이황란불화 개상과과려 백화근어자

第231事 禍6條42目

역구
逆詬

역구逆詬란 도리를 거슬러 덕 있는 관리와 웃어른을 질책하며 인륜을 해치고 위계질서를 뒤바꾸는 것이다. 이는 마치 나나니벌이 배추벌레 몸속에 자신의 알을 낳아 그 애벌레가 배추벌레의 피와 살을 파먹고 자라게 하는 것처럼, 자식을 배추벌레로 만드는 나나니벌과 같은 도적이 되는 것이다.

逆詬者는 以逆理로 叱官德老長하여 傷倫革次니 爲子弟螟蛉
역구자 이역리 질관덕노장 상륜혁차 위자제명령

之賊이니라.
지적

제6강령

복福

제6강령 복福 제232사 6문門 45호戶

제1문	**인仁**	**제233사**
제1호	애인愛人	제234사
제2호	호물護物	제235사
제3호	체측替惻	제236사
제4호	희구喜救	제237사
제5호	불교不驕	제238사
제6호	자겸自謙	제239사
제7호	양열讓劣	제240사
제2문	**선善**	**제241사**
제8호	강개慷慨	제242사
제9호	불구不苟	제243사
제10호	원혐遠嫌	제244사
제11호	명백明白	제245사
제12호	계물繼物	제246사
제13호	존물存物	제247사
제14호	공아空我	제248사
제15호	양능揚能	제249사
제16호	은건隱愆	제250사
제3문	**순順**	**제251사**
제17호	안정安定	제252사
제18호	정묵靜默	제253사
제19호	예모禮貌	제254사
제20호	주공主恭	제255사
제21호	지념持念	제256사
제22호	지분知分	제257사
제4문	**화和**	**제258사**
제23호	수교修敎	제259사
제24호	준계遵戒	제260사
제25호	온지溫至	제261사
제26호	물의勿疑	제262사
제27호	성사省事	제263사
제28호	진노鎭怒	제264사
제29호	자취自就	제265사
제30호	불모不謀	제266사
제5문	**관寬**	**제267사**
제31호	홍량弘量	제268사
제32호	불린不吝	제269사
제33호	위비慰悲	제270사
제34호	보궁保窮	제271사
제35호	용부勇赴	제272사
제36호	정선正旋	제273사
제37호	능인能忍	제274사
제38호	장가藏呵	제275사
제6문	**엄嚴**	**제276사**
제39호	병사屛邪	제277사
제40호	특절特節	제278사
제41호	명찰明察	제279사
제42호	강유剛柔	제280사
제43호	색장色莊	제281사
제44호	능훈能訓	제282사
제45호	급거急祛	제283사

복
福

복福이란 착한 일을 했을 때 찾아오는 경사로, 여기에는 여섯 가지 문門과 마흔다섯 가지의 호戶가 있다.

福者는 善之餘慶이니 有六門四十五戶이니라.
복자 선지여경 유육문사십오호

인
仁

인仁이란 사랑의 저울추이다. 사랑은 무엇이나 사랑하지 않는 것이 없는 까닭에 때로는 편애하고 또 때로는 사사로운 감정으로 사랑할 수도 있으니, 어질지 못하면 그 중심을 잡을 수가 없다. 어짊은 온화한 봄기운과 같아서 그 기운이 스쳐 지나가는 곳에 만물이 피어난다.

仁者는 愛之錘也라. 愛無不愛故로 或有偏愛私愛하니 非仁
인자 애지추야 애무불애고 혹유편애사애 비인

이면 莫能執中이라. 仁은 如春氣溫和하여 物物이 發生하니라.
막능집중 인 여춘기온화 물물 발생

애인
愛人

사람을 사랑함에 있어서 밝은이는 착한 사람도 사랑하고 악한 사람도 사랑하여 악惡을 버리고 선善으로 나아가도록 권한다. 남의 노여움을 누그러뜨려 남과 원수를 맺지 않으며, 남의 의심을 해결하여 의혹이 사람들 사이에 돌지 않게 하고, 미혹한 사람을 잘 인도하여 스스로 깨닫도록 한다.

哲人之愛人은 愛善人하고 亦愛惡人하여 勸去惡就善하니
철인지애인 애선인 역애악인 권거악취선

平人慍하여 勿結嫌於人하며 決人惑하여 勿轉致於人하고 導
평인온 물결혐어인 결인혹 물전치어인 도

人之迷하여 自得於己니라.
인지미 자득어기

第235事 # 호물 護物 福1門2戶

호물護物이란 만물을 사랑하고 보호하는 것을 말한다. 천지간에 사람은 사람대로, 만물은 만물대로 스스로 자기들만 고집하여 사람과 만물이 따로 존재한다면 결국 사람도 만물도 존재하지 못할 것이다. 밝은이는 만물을 포용하는 남다른 마음으로 남의 물건을 내 것처럼 귀중히 여기며, 남이 잃은 것을 내가 잃은 것처럼 아까워한다.

護物者는 愛物而護也라. 凡於天地間에 人固自人이요 物固
호물자 애물이호야 범어천지간 인고자인 물고

自物이면 必無人無物이니 哲人은 包萬物하여 獨有之心이라
자물 필무인무물 철인 포만물 독유지심

人之所有를 若我所有하며 人之有失을 若我有失이니라.
인지소유 약아소유 인지유실 약아유실

第236事　　　　　　　　　福1門3戶

체측
替惻

체측替惻이란 남의 근심이나 곤란을 내 일처럼 여기고 같이 걱정해주는 것을 말한다. 남의 근심을 불쌍히 여기고, 남의 곤란함을 가련하게 여겨야 마땅하나 보통 사람은 불쌍하게 여기거나 가련하게 여기지 않는다. 오직 밝은이만 자신의 일처럼 불쌍하고 가련하게 여기니 불쌍히 여기는 가운데 결실이 있고 가련하게 여기는 가운데 참됨에 이른다.

替惻者는 人於當憫人之憂하여 不憫이로되 惟哲人이라야 憫
체측자 인어당민인지우 불민 유철인 민

之하며 人於當憐人之困하여 不憐이로되 惟哲人이라야 憐之하니
지 인어당연인지곤 불련 유철인 연지

憫之有實하며 憐之致眞이니라.
민지유실 연지치진

第237事　　福1門4戶

희구
喜救

희구喜救란 위급한 어려움에 처한 사람을 기꺼이 구해 주는 것을 말한다. 남의 위급한 어려움을 구하는 데 보통 사람은 공을 세우기 위해서 구해주고, 사양하기 어려운 인연 때문에 구해준다. 오직 밝은이는 공을 세우기 위함이나 사양하기 어려워서 구해주는 것이 아니니, 남의 위급한 처지를 들으면 언제나 기꺼이 구해주고, 물질이 곤궁한 것을 보면 언제나 즐거이 베풀어준다. 구하는 힘이 부족하면 마음으로라도 도와주고, 구하는 길이 멀면 잘 되기를 빌어준다.

喜救者는 好救人之急難也라. 救人之急難에 或有功救焉하며
희구자　호구인지급난야　구인지급난　혹유공구언

或緣難辭焉이라. 惟哲人이라야 無功救하며 無難辭하여 聞人
혹연난사언　유철인　무공구　무난사　문인

之急에 輒喜救之하며 見物之困에 輒喜施之니 力殘則思요
지급　첩희구지　견물지곤　첩희시지　역잔즉사

程遠則望이니라.
정원즉망

불교
不驕

어진 사람은 덕이 있어도 어리석은 사람에게 교만하지 않고, 재산이 있어도 가난한 사람에게 교만하지 않으며, 존귀하되 비천한 사람에게 교만하지 않는다. 또한 사람을 대할 때에는 상대방이 스스로 어려워할까 염려하여 얼굴빛은 친근하고 온화하게 하고, 말은 바르고 따뜻하게 한다.

仁者는 德不驕愚하며 富不驕貧하며 尊不驕卑하며 慮人自迷하여 色近而和하고 言正而溫이니라.
인자 덕불교우 부불교빈 존불교비 여인자미 색근이화 언정이온

第239事 福1門6戶

자겸
自謙

자겸自謙이란 비록 재주와 덕이 있어도 스스로 자랑하지 않는 것을 말한다. 뭇사람은 미미한 재주와 얄팍한 덕만 있어도 스스로 얼굴빛으로 나타내고 부추겨 드러낸다. 오직 한 줄기 그림자로 우주를 두루 비추지 못할까 두려워하는 것처럼 미미한 재주와 얄팍한 덕이 세상에 알려지지 않을까 염려한다. 그러나 건실한 이의 재주는 물에 잠겨 있어도 헤엄치지 않으며, 그 덕은 뜨거워도 불꽃이 일지 않는 것처럼 밖으로 드러나는 법이 없다.

自謙者는 雖有才德이나 不自長也라. 衆人은 有微才薄德이로대
자겸자 수유재덕 부자장야 중인 유미재박덕

自色焉하며 唆揚焉하여 惟恐單晷不徹宇內로되 健者之才는
자색언 사양언 유공단귀불철우내 건자지재

潛而不泳하며 健者之德은 熱而不炎이니라.
잠이불영 건자지덕 열이불염

第240事

양열
讓劣

福1門7戶

양열讓劣이란 관대하고 뛰어난 사람이 속이 좁고 욕심 많은 사람에게 양보하는 것을 말한다. 명예를 구하는 데에 급급하면 비루하여 도리어 명예를 훼손시키고, 이름을 날리는 데 매달리면 시끄러워 오히려 그 이름을 손상시킨다. 그러므로 밝은이는 공이 있어도 공이 없는 자에게 양보하며, 상을 받을 만해도 상을 받지 못한 사람에게 양보한다.

讓劣者는 優讓於劣也라. 求譽는 陋而反損譽하며 釣名은 譁
양열자 우양어열야 구예 누이반손예 조명 화

而反傷名이니 是以로 哲人은 有可功이나 讓於無功하며 有可
이반상명 시이 철인 유가공 양어무공 유가

賞이나 讓於不賞이니라.
상 양어불상

第241事 福2門

선
善

선善은 사랑의 한 갈래이며 어짊의 어린 자식이다. 그러므로 사랑을 심으면 반드시 우러나는 마음이 착하며, 어짊을 배우면 그 행하는 일이 반드시 착하다.

善은 愛之派流也며 仁之童稚也니 種於愛故로 發心이 必善
선 애지파류야 인지동치야 종어애고 발심 필선

하며 學於仁故로 行事必善이니라.
학어인고 행사필선

第242事 福2門8戶

강개
慷慨

강개慷慨란 비분하여 개탄한다는 뜻으로, 선의善意의 의분義憤을 말한다. 폭포수는 떨어지면 잔잔히 흐르고, 백 번 단련된 쇠는 물건을 쉽게 잘라낸다. 강개는 높일 만하고 기쁜 것이나 사람이 기쁘게 여기지 않는 것은, 자신에게 무엇이 이롭고 해로운 것인지를 가리지 못하기 때문이다.

慷慨者는 善之義也라. 瀑布之湍은 落之便流하고 百鍊之鐵은
강개자 선지의야 폭포지단 낙지편류 백련지철

臨物便切이라. 其尚且快나 人所不快는 不擇在己利害니라.
임물편절 기상차쾌 인소불쾌 불택재기이해

第243事 福2門9戶

불구
不苟

불구不苟란 구차하지 않다는 뜻으로, 옳다고 여겨 결단했으면 더 이상 주저하거나 구차하게 굴지 않는 것을 말한다. 성품이 착한 사람이라도 결단이 없으면 우유부단하여 훌륭한 결단을 내리는 데 망설이고 머뭇거린다. 그러므로 옳다고 여겨 결정한 것은 반드시 행하며, 베풀고자 하면 구차스럽게 생각하지 말고 실천해야 한다.

不苟者는 善有決而不苟且也라. 性善者는 無決則柔하여 穎
불구자 선유결이불구차야 성선자 무결즉유 영

斷이 遂滯니 善之決은 欲行必行하며 欲施에 無所苟且니라.
단 수체 선지결 욕행필행 욕시 무소구차

원혐
遠嫌

원혐遠嫌이란 싫어함을 멀리한다는 뜻으로, 서로 싫어서 생기는 틈이 없는 것이다. 밝은이는 세상을 살아가는 데에 비록 배운 것이 없고 아는 것이 적을지라도 매사에 정성을 다하며, 차라리 말은 어눌할지라도 마음에 속임과 거짓이 없다. 그러므로 매사에 싫은 것도 없고 틈도 없으니 그 착함을 알지 못하는 사람이 도리어 착하지 못한 것이다.

遠嫌者는 無嫌隙也라. 哲人接物에 寧智疎短이언정 誠無不足하여
원혐자 무혐극야 철인접물 영지소단 성무부족

寧言訥焉이언정 心無詐僞故로 無嫌無隙이니 不知其善者는
영언눌언 심무사위고 무혐무극 부지기선자

反不善이니라.
반불선

第245事 福2門11戶

명백
明白

성품이 착하면 일을 처리하는 데 판단이 분명하고, 일을 행하는 데 결단이 정확하여 나아가고 물러서는 데 머뭇거림이 없으며, 왼편과 오른편을 의심함이 없어서 하늘의 이치와 사람의 일이 저절로 명백해진다.

性善則剖截丁寧하며 行決的歷하여 無猶豫進退하며 無疑似
성선즉부절정녕 행결적력 무유예진퇴 무의사

左右하여 天理人事가 明白乎自然之間이니라.
좌우 천리인사 명백호자연지간

第246事 福2門12戶

계물
繼物

계물繼物이란 생활을 이어갈 수 있도록 물질적으로 도와주는 것을 말한다. 착함은 남을 불쌍히 여겨 물자가 이어지게 보살펴주는 것이다. 남이 하던 일이 망하려 하면 그 부모와 처자에게 도리를 다해 불화가 없도록 편안하게 해주며, 자기 집을 버리고 떠나려는 사람을 보면 뒤를 돌봐 안정되게 해준다.

善은 善於恤人繼物이니 人事將廢거든 安人父母妻子之倫하며
선 선어휼인계물 인사장폐 안인부모처자지륜

定人背井離廚之蹤이니라.
정인배정이주지종

第247事 福2門13戶

존물
存物

존물存物이란 만물을 보존한다는 뜻으로, 선한 사람은 만물을 살리는 것을 기뻐하고 만물이 손상되고 죽는 것을 싫어한다. 그래서 그물에 잡힌 것을 놓아주고 사냥으로 잡힌 것을 보면 슬퍼한다. 놓아주는 것은 자유로이 하늘에서 날갯짓하는 것을 보기 위한 것이고, 슬퍼하는 것은 잡힌 짐승이 마음대로 언덕을 뛰지 못하는 것을 안타깝게 여기기 때문이다.

善은 喜物存而惡物亡하니 羅而放之하며 獵而悲之라. 放之
선 희물존이오물망 나이방지 엽이비지 방지

者는 見其拂翼于雲霄하고 悲之者는 不見其展脚于丘陵이라.
자 견기불익우운소 비지자 불견기전각우구릉

공아
空我

공아空我란 내가 나를 생각하지 않는 것을 말한다. 밝은이는 무리와 함께 있을 때는 무리를 위해 자신의 수고를 아끼지 않으며, 무리와 떨어져 있을 때에도 다른 사람에게는 후하게 하고 자신에게는 박하게 하며, 무리와 함께 근심하되 모든 근심을 혼자 당한 듯 떠맡는다.

空我者는 我不念我也라. 哲人이 處衆에 逸衆而勞我하며 分衆하여 厚衆而薄我하고 同憂以衆하되 有若獨當이니라.
공아자 아불념아야 철인 처중 일중이로아 분중 후중이박아 동우이중 유약독당

第249事 福2門15戶

양능
揚能

양능揚能이란 남의 장점을 드러내 힘껏 발휘하도록 도와주는 것이다. 밝은이가 다른 사람의 훌륭한 능력을 발견하면 마음으로 먼저 기뻐하고 칭찬의 말을 아끼지 않는 것은, 훌륭한 능력을 가진 사람은 더욱 훌륭하도록 힘쓰게 하고, 훌륭한 능력을 갖지 못한 사람은 이를 본받게 하기 위한 것이다.

揚能者는 揚能人之所能也라. 哲人은 見人之能하면 心先喜
양능자 양능인지소능야 철인 견인지능 심선희

悅하니 說輒揚言者는 使能者로 勉能하고 不能者는 效則
열 설첩양언자 사능자 면능 불능자 효칙

이니라.

은건
隱愆

은건隱愆이란 남이 지은 허물을 숨기는 것을 말한다. 밝은이가 남의 허물을 들으면 곧 숨겨 새지 않게 하는 것은 먼저 스스로 부끄러워하고, 먼저 스스로 경계하며, 또한 다른 사람도 관련될까 염려하는 것이니, 한 사람 잃는 것을 천하 사람을 잃는 것처럼 중히 여기기 때문이다.

隱愆者는 隱人之做愆也라. 哲人은 聞人之愆하고 直隱而不
은건자 은인지주건야 철인 문인지건 직은이불

泄者는 先自愧焉하며 先自警焉하고 又恐聯於人하니 失一人을
설자 선자괴언 선자경언 우공련어인 실일인

如失天下之人이니라.
여실천하지인

순
順

순順이란 법도를 거스르지 않는 것을 말한다. 아무리 가난해도 강도질을 하지 않고, 아무리 곤란한 지경에 처해도 무리하게 벗어나려 애쓰지 않는 것은 하늘의 이치에 순응하는 것이다. 은혜에 보답하는 데 아첨하지 않으며, 왜곡된 위세에도 굴하지 않는 것은 사람의 도리를 따르는 것이다.

順은 不逆度也라. 貧不强取하며 困不强免은 順天理也요 答
순 불역도야 빈불강취 곤불강면 순천리야 답

恩에 不之諛하며 枉威에 不之屈은 順人理也니라.
은 부지유 왕위 부지굴 순인리야

안정
安定

안정安定이란 마음이 편안하게 정하여 흔들리지 않는 것을 말한다. 안정된 마음은 흔들리지 않아 남에게 모함이나 시기를 당해도 화내지 않으며, 평정된 기운은 어지럽지 않으며 격분할 일을 당해도 저주하지 않는다. 이것이 곧 하늘의 덕에 순응하는 일이다. 하늘의 덕이 마음 안에 자리잡고 있으면 사람의 덕은 자연히 밖으로 떨치게 된다.

安心而心不動하여 受詆毁而不慍하고 定氣而氣不亂하여 逢忿激而不作者는 順天德也라. 天德이 內立則人德이 外成이니라.
안심이심부동 수저훼이불온 정기이기불란 봉분격이부작자 순천덕야 천덕 내립즉인덕 외성

第253事 福3門18戶

정묵
靜默

정묵靜默이란 말 없이 고요히 있는 것으로, 성품이 참되면 고요하고, 진정 아는 것이 많으면 침묵을 지킨다. 고요하면 능히 하늘과 사람의 이치에 통달하게 되고, 침묵하면 능히 어지러운 것을 진정시킬 수 있다. 이것이 곧 사람의 지혜에 순응하는 것이다. 사람의 지혜가 안정되면 심령이 통달하여 충분히 남의 스승이 될 수 있다.

性眞則靜하고 知邃則默이니 靜能成達하고 默能鎭紊이라. 此는
성진즉정　지수즉묵　정능성달　묵능진문　차

順人智也니 人智定則心靈이 貫通하여 可爲人師니라.
순인지야　인지정즉심령　관통　가위인사

第254事 # 예모 福3門19戶

禮貌

예모禮貌란 예의바른 모습, 예절에 맞는 태도를 말한다. 예의 있는 행동은 곧 인간사에 순응하는 것이다. 사람이 예의가 있으면 말하지 않아도 분란을 해결하여, 감히 완력이나 행패를 부리는 일도 없어지고, 어질고 착한 이들이 스스로 멀리서 찾아온다.

動有禮貌者는 順人事也라. 人有禮貌則不言而可解紛하여 頑悖不敢肆하고 賢良이 自遠至니라.
동유예모자 순인사야 인유예모즉불언이가해분 완패불감사 현량 자원지

第255事 福3門20戶

주공
主恭

주공主恭이란 공손함을 위주로 삼는 것을 말한다. 한 번 움직이고 한 번 머무를 때에도 반드시 공손하고 온순하게 하여, 일을 할 때는 넘치는 물그릇을 드는 것처럼 조심스럽게 하며, 사람을 대할 때는 중요한 것을 몸에 찬 것처럼 신중하게 한다. 이렇듯 삼가고 조심스럽게 믿음의 덕을 이루고, 나아가 명예로운 덕을 이루어야 한다.

主恭者는 主恭順也라. 一動一靜에 必主恭順하여 視事如擧
주공자 주공순야 일동일정 필주공순 시사여거

溢하며 接人如佩重하여 謹愼成信德하고 就收成譽德이니라.
일 접인여패중 근신성신덕 취수성예덕

第256事 福3門21戶

지념
持念

지념持念이란 마음의 지표를 가지고 사고하는 것이다. 사람은 마음이 안정되지 못하면 기운도 역시 순하지 못하다. 마음이 안정되고 기운이 순하면 저절로 생각과 뜻이 우러나 진리를 찾고 도를 구하는 데 쉽게 통달하고 덕에 순응하여 아름다운 행실을 이루게 된다.

持念者는 持念標而有所思也라. 夫人이 心不定이면 氣亦不
지념자 지념표이유소사야 부인 심부정 기역불

順하고 心定氣順則自有所思하여 於尋理覓道에 容易達通하고
순 심정기순즉자유소사 어심리멱도 용이달통

順德成美하니라.
순덕성미

지분
知分

지분知分이란 분수를 알아 마땅히 해야 할 것과 하지 말아야 할 것을 아는 것이다. 하늘의 도리를 알아 사람의 일을 행하고, 만물의 이치를 알아 사람의 도리를 다하는 것이다. 분수를 알면 만물의 이치가 저절로 닿고 모든 일이 조화를 이루어 마치 밤바다에 달이 떠오르는 것처럼 훤해져 매사가 분명해진다.

知分者는 知當爲者며 知不當爲者니라. 知天道하여 與人事相合하며 知物理하여 與人理相對也라. 知分則萬理順하고 百事和하여 如夜海月上이니라.
지분자 지당위자 지부당위자 지천도 여인사상합 지물리 여인리상대야 지분즉만리순 백사화 여야해월상

화
和

해와 바람의 조화는 하늘의 조화요, 기운과 소리의 조화는 사람의 조화다. 해가 고르고 바람이 고르면 상서로운 기운이 때맞추어 내려서 그 해의 공을 이루고, 기운과 소리가 고르면 신령이 빛나서 밝은 덕으로 나타난다.

日之和와 風之和는 天和也요 氣之和와 聲之和는 人和也라.
일지화 풍지화 천화야 기지화 성지화 인화야

日和風和則禎祥이 時降하여 歲功이 遂하고 氣和聲和則靈神이
일화풍화즉정상 시강 세공 수 기화성화즉영신

精暢하여 昭德이 著하니라.
정창 소덕 저

第259事 福4門23戶

수교
修敎

수교修敎란 하늘의 가르침을 실천하여 자신을 닦고, 하늘의 가르침을 전파하여 남도 닦게 하는 것을 말한다. 스스로 닦는 것도 수修이고, 남을 닦아주는 것도 수修이다. 하늘의 도리를 닦는 수도자가 미혹한 사람을 가르쳐서 밝은 도리를 보게 하며, 악한 사람을 가르쳐서 선한 도리로 돌아가게 하고, 착한 사람을 가르쳐서 참된 사람의 도리를 실천하게 한다면 그 공덕은 가뭄에 내리는 단비보다 더 낫다.

修者는 自修도 修也요 修人도 亦修也라. 修天道之道者는 敎
수자 자수 수야 수인 역수야 수천도지도자 교

昏人하여 見明道하며 敎惡人하여 歸善道하고 敎善人하여 遷
혼인 견명도 교악인 귀선도 교선인 천

人道則功過於甘霈니라.
인도즉공과어감패

第260事 福4門24戶

준계
遵戒

준계遵戒란 계율을 지키는 것을 말한다. 새 옷을 입은 사람은 단정함을 중시하여 오직 옷이 남루해질까 염려하고, 새로 목욕을 한 사람은 청결함을 중시하여 오직 몸이 더러워질까 염려한다. 이렇듯 계율을 지킴에 있어서도 단정함과 청결함을 중시하는 것처럼 게을리 하지 않으면 사람이 화합함에 저절로 신이 따르고, 하늘이 따른다.

遵은 守也요 戒는 參佺八戒也라. 新衣者는 主整하여 惟恐襤
준 수야 계 참전팔계야 신의자 주정 유공남

褸하고 新浴者는 主潔하여 惟恐汚穢하니 遵戒를 如主整主
루 신욕자 주결 유공오예 준계 여주정주

潔하여 顧勤而無放怠면 人和에 神亦和하고 神和에 天亦和니라.
결 고근이무방태 인화 신역화 신화 천역화

第261事 福4門25戶

온지
溫至

온溫은 온화함이며 지至는 다다름이니, 온지溫至란 온화한 기운이 사람들에게 다다르는 것을 말한다. 밝은이는 사람을 대할 때 말을 온화하게 하며, 일을 할 때는 기운을 온화하게 하며, 재물을 대할 때는 의리를 온화하게 하니 마치 사람들이 봄날의 따뜻함을 떠나지 않는 것처럼 온화한 사람을 떠나지 않는다.

溫은 溫和也요 至는 臨也라. 夫哲人은 和人語溫하며 和事氣
온 온화야 지 임야 부철인 화인어온 화사기

溫하며 和財義溫하니 若春日之溫臨而人不離溫也니라.
온 화재의온 약춘일지온림이인불리온야

물의
勿疑

물의勿疑란 내가 남을 의심하지 않으면 남도 나를 의심하지 않는다는 말이다. 내가 치우침이 없는 진실한 마음으로 남을 대하면, 남 또한 진실한 마음으로 나를 대하니, 이쪽이 성실하면 저쪽이 믿어주고 저쪽이 성실하면 이쪽도 믿게 되어, 온화한 기운이 엉겨서 흩어지지 않는다.

勿疑者는 勿我疑人하며 勿人疑我也라. 我以中和로 接人이면
물의자 물아의인 물인의아야 아이중화 접인

人亦以中和로 遇我하여 此誠彼信하며 彼誠此信하여 和氣凝
인역이중화 우아 차성피신 피성차신 화기응

而不散이니라.
이불산

第263事 福4門27戶

성사
省事

성사省事란 일의 어려움이 저절로 가버리는 것을 말한다. 뭇 사람이 하는 일은 구불구불한 길에 갈래가 많고, 험한 길에 돌이 많아 아무리 재주를 다해도 그 일을 제대로 해내지 못한다. 그러나 밝은이가 하는 일은 태양이 잔설을 녹이는 것처럼 녹는 것이 눈에 보이지는 않으나 저절로 녹아 없어지듯, 어려움과 장애물이 저절로 사라져 일이 순조롭게 된다.

省事者는 事之劇이 自去也라. 衆人은 曲路多岐하며 險路多
성사자 사지극 자거야 중인 곡로다기 험로다

石하여 雖窮術이라도 不能省事하고 惟哲人은 執事를 如太陽
석 수궁술 불능성사 유철인 집사 여태양

臨殘雪하여 不見其消而自消니라.
임잔설 불견기소이자소

진노
鎭怒

진노鎭怒란 성낸 여파가 몸에 미치지 않게 하는 것을 말한다. 착하지 않고 미덥지도 않으면 남이 반드시 나를 책망하고, 혹 착하고 미더워도 잘못 화를 내는 경우가 있다. 그러나 조화로운 덕이 있으면 착하지 않음이나 미덥지 않음이 없게 되어, 남도 또한 나를 믿으며 잘못 화를 내는 일 역시 없게 된다.

鎭怒者는 嗔怪不及於己也라. 有不善不信이면 人必責己하고
진노자　진괴불급어기야　유불선불신　인필책기

或無不善不信이라도 錯怒有至하니 有和德則無不善不信하여
혹무불선불신　착노유지　유화덕즉무불선불신

人且信之하고 錯怒亦不至니라.
인차신지　착노역부지

第265事 福4門29戶

자취
自就

자취自就란 무리함 없이 자연적으로 성취하는 것을 말한다. 사람이 지나친 욕심을 부리면 반드시 분주하고 바쁘며, 지나치게 요구하면 반드시 가련하게 애를 쓰게 된다. 분주하고 바빠도 얻지 못하면 욕심을 부리지 않음만도 못하며, 애를 써도 얻지 못하면 요구하지 않음만 못하다. 온화한 덕을 지니면 마치 화롯불이 방 안에 있어서 불을 피우지 않아도 불씨가 저절로 타는 것처럼 모든 일이 저절로 이루어진다.

自就者는 自然成就也라. 人有所欲이면 必奔忙하며 人有所求면
자취자 자연성취야 인유소욕 필분망 인유소구

必哀憐이니 奔忙而不得이면 不如無欲이요 哀憐而不得이면
필애련 분망이부득 불여무욕 애련이부득

不如無求라. 有和德則如烘爐在室하여 不爨而自薰이니라.
불여무구 유화덕즉여홍로재실 불찬이자훈

第266事 福4門30戶

불모
不謀

불모不謀란 꾀를 쓰지 않고 남과 화합하는 것을 말한다. 하늘의 상서로운 구름이 저절로 펼쳐지고 합쳐져서 머무름이 없고 걸림도 없는 것은, 밝은이가 처신하는 것과 같다. 밝은이는 남과 화목하기 때문에 꾀를 부리지 않고도 화합하는 것이다.

不謀者는 不謀而和於人也라. 瑞雲在霄에 自舒自合하여 無滯無
불모자 불모이화어인야 서운재소 자서자합 무체무

礙者는 哲人之處己也니 於人에 無不和故로 不謀而和니라.
애자 철인지처기야 어인 무불화고 불모이화

관
寬

봄에 꽃을 심고 가꾸어 빨리 꽃을 보고자 하는 것은 너그러움의 이치이며, 해가 중천에 있어 온 세상이 밝은 것은 너그러움의 형상이다. 이치와 형상이 함께 이루어지면 밝은이의 도리에 가깝다.

栽培春花하여 迅于見花者는 寬之理也요 日在中天에 四海
재배춘화 신우견화자 관지리야 일재중천 사해

通明者는 寬之形也라. 理形이 俱成이면 哲人之道近焉이니라.
통명자 관지형야 이형 구성 철인지도근언

第268事 福5門31戶

홍량
弘量

홍량弘量이란 도량이 넓다는 뜻으로 성품을 쓰는 큰 법도를 말한다. 부드러운 가운데 강함이 있으면 그 강함이 보이지 않으며, 온화한 가운데 굳셈이 있으면 그 굳셈이 보이지 않는다. 부드러운 것 같으면서도 부드럽지 않고, 온화한 것 같으면서도 온화하지 않아서 한계도 없고 굴곡도 없으니 그 넓은 도량으로 많은 사람을 포용할 수 있다.

弘量者는 性用之大度也라. 柔中有剛而不見剛하며 和中有毅而不見毅라. 測之柔에 不似柔하며 測之和에 不似和하여 無際涯屈曲이니라.
홍량자 성용지대도야 유중유강이불견강 화중유의이불견의 측지유 불사유 측지화 불사화 무제애굴곡

第269事

불린
不吝

福5門32戶

인吝은 인색한 것으로, 불린不吝이란 재물을 아끼되 베푸는 데 인색하지 않은 것을 말한다. 짧게 베풀어도 되지만 길게 베풀며, 적게 빌려 주어도 되지만 많이 빌려 주어 능히 흡족하게 해준다. 남의 궁핍함을 보면서 자기만 넉넉하지 말 것이며, 남의 근심을 보면서 자기만 기뻐하지 말아야 능히 편안해진다.

吝은 惜也라. 可與之短而與之長하며 可假之輕而假之重하여
인 석야 가여지단이여지장 가가지경이가지중

能使洽存하고 見人乏에 莫我贍하며 見人愁에 莫我歡하여 能
능사흡존 견인핍 막아섬 견인수 막아환 능

使逸免이니라.
사일면

위비
慰悲

위비慰悲란 남의 슬픔을 위로하는 것을 말한다. 정치에 허물이 있으면 반드시 사람을 잃고, 재물에 허물이 있으면 마땅히 사람을 머물게 한다. 돌이켜서 위로한 뒤에 허물이 이전보다 줄어들면 기뻐하고, 허물이 없으면 일을 맡긴다.

慰悲者는 慰人之可悲也라. 政愆은 必失人하고 貨愆은 當留人이니 反慰之後에 愆輕於前愆이면 喜之하고 無愆이면 任之니라.

위비자 위인지가비야 정건 필실인 화건 당유인 반위지후 건경어전건 희지 무건 임지

第271事 福5門34戶

보궁
保窮

보궁保窮이란 궁함을 돕는 것으로, 뜻을 이루지 못했을 때는 스스로의 궁함을 돕고, 뜻을 이루면 남의 궁함을 도와야 한다. 너그럽지 못하면 자신의 어려움도 도울 수 없고, 남의 어려움도 도울 수 없다.

保窮者는 不得意하여 能自保窮하고 得意하여 能保人窮이니
보궁자 부득의 능자보궁 득의 능보인궁

非寬이면 不能自保窮이요 又不能保人窮이니라.
비관 불능자보궁 우불능보인궁

第272事

용부
勇赴

福5門35戶

용부勇赴란 용감하게 나아간다는 말이다. 너그럽고 어진 사람은 마음씀이 활달하여 어떤 일에도 머뭇거림이 없다. 그러므로 착한 일을 보면 용감히 달려가 스스로 큰 만족을 얻으니, 그 충만함은 마치 장막 속에 바람이 가득 찬 것과 같다.

寬仁者는 豁如無所趑趄라. 故로 見善則勇赴而自得其偉飽하여
관인자 활여무소자저 고 견선즉용부이자득기위포

若風滿帳中이니라.
약풍만장중

第273事 福5門36戶

정선
正旋

정正이란 바른 이치이며 선旋이란 도는 이치를 말한다. 아랫돌은 가만히 있고 윗돌은 둥글게 돌아 움직이지 않고 어긋나지도 않는 것은 누름쇠가 가운데 있기 때문이다. 사람도 어질게 살면서 중심이 너그러우면 둥글게 돌아 법규에 맞지 않는 바가 없다.

正은 正理也라 旋은 旋理也라. 下石은 靜定하고 上石은 環旋하여
정 정리야 선 선리야 하석 정정 상석 환선

不動不違者는 以鎭鐵이 居中也니 人이 仁居中寬이면 環而
부동불위자 이진철 거중야 인 인거중관 환이

旋之하여 無所不合規니라.
선지 무소불합규

第274事 福5門37戶

능인
能忍

참는 것에는 세 가지 종류가 있으니 첫째는 어떤 원인이 있어서 참는 것이고, 둘째는 억지로 참는 것이며, 셋째는 너그럽고 수양이 있어서 참는 것이다. 원인이 있어서 참는 것은 주체적인 결단성이 없으며, 억지로 참는 것은 결단성은 없으나 결단코자 함이고, 자신이 너그럽고 수양이 있어서 참는 것만이 결단성이 바로 서 있는 것이니, 너그럽지 못하면 이를 능히 할 수 없다.

忍有三하니 一曰因忍이요 二曰强忍이요 三曰能忍이라. 因忍은
인유삼 일왈인인 이왈강인 삼왈능인 인인

無主決하며 强忍은 無主決而欲主決하고 獨能忍이 定有主
무주결 강인 무주결이욕주결 독능인 정유주

決이니 非寬이면 不能이니라.
결 비관 불능

第275事 福5門38戶

장가
藏呵

장가藏呵란 남을 꾸짖을 일이 있음에도 이를 숨기고 너그럽게 대하는 것을 말한다. 약한 사람이 너그러우면 사람들이 경계할 줄 모르고, 부드러운 사람이 너그러우면 사람들이 그 은혜를 모르며, 사나운 사람이 너그러우면 사람들이 오히려 이를 친다. 오직 꾸짖을 일을 숨기고 너그러워야 사람들이 스스로 존경하고 굴복한다. 이는 어진 사람이어야 가능하다.

藏呵者는 寬和而藏隱呵也라. 弱之寬은 人不知警하고 柔之
장가자 관화이장은가야 약지관 인부지경 유지

寬은 人不知惠하며 猛之寬은 人反伐之하고 惟藏呵之寬은
관 인부지혜 맹지관 인반벌지 유장가지관

人自敬服이니 仁者能之니라.
인자경복 인자능지

第276事 福6門

엄
嚴

온화하면서 흐트러짐이 없고 엄숙하면서 고요한 것은 기운이 위엄을 갖춘 것이고, 자기 개인을 생각하지 않고 사사로움을 위하여 재물을 사용하거나 욕심내지 않는 것은 의로움이 위엄을 갖춘 것이며, 언제나 정직을 주장하고 청렴결백을 주장하는 것은 말이 위엄을 갖춘 것이다.

和而整하고 肅而靜者는 氣嚴也요 不顧私하며 不私財者는
화이정 숙이정자 기엄야 불고사 불사재자

義嚴也요 主正直하며 主廉潔者는 詞嚴也니라.
의엄야 주정직 주염결자 사엄야

第277事 福6門39戶

병사
屛邪

병사屛邪란 요사스러운 기운을 버리는 것을 말한다. 기운이 엄하면 요사스러운 기운이 생겨나지 못하며, 의리가 엄하면 요사스러운 모략이 들리지 않으며, 말이 엄하면 요사스러운 말이 입에 담기지 않는다.

屛邪者는 去邪也라. 氣嚴則邪氣가 不能生하며 義嚴則邪謀가
병사자 거사야 기엄즉사기 불능생 의엄즉사모

不能聞하고 詞嚴則邪說이 不容口니라.
불능문 사엄즉사설 불용구

第278事 福6門40戶

특절
特節

특절特節이란 어떤 고난에도 변치 않는 특별히 높은 절개를 가진 것을 말한다. 고고한 절개를 가진 사람은 그 모습이 흰 눈 속의 푸른 소나무와 같고, 그 몸가짐은 바다 위에 높이 솟은 바위와 같다.

特節者는 特特有高節也라. 其像也 雪裡青松이요 其身也
특절자 특특유고절야 기상야 설리청송 기신야

海上峭巖이니라.
해상초암

第279事 福6門41戶

명찰
明察

명찰明察이란 밝게 살핀다는 뜻으로 위엄을 갖추되 떠들썩하게 밝히지 않으며, 또한 흩어지게 살피지 않는 것을 말한다. 그러므로 밝은이는 남과 시끄러운 일이 없으며, 남과 헤어지고 흩어지는 일이 없다.

明察者는 嚴而不明囂하며 嚴而不察散이니 是以로 哲人은
명찰자 엄이불명효 엄이불찰산 시이 철인

無人之囂하며 無人之散이니라.
무인지효 무인지산

강유
剛柔

성품이 강한 사람이 엄하게 처신하면 한 집안이 해체되고, 성품이 부드러운 사람이 엄하면 육친(부모, 형제, 처자식)의 마음이 떠난다. 비록 강하고 엄하더라도 반드시 은혜롭게 하며, 비록 부드럽고 엄하더라도 반드시 온화하게 할 것이니, 은혜로움과 온화함이 있으면 강함과 부드러움을 극복하게 된다.

性剛者(성강자) 尙嚴(상엄)이면 一家解體(일가해체)하고 性柔者(성유자) 尙嚴(상엄)이면 六親離心(육친이심)이니 雖剛嚴(수강엄)이라도 必恩(필은)하고 雖柔嚴(수유엄)이라도 必和(필화)하니 有恩有和(유은유화)면 無剛無柔(무강무유)니라.

第281事 福6門43戶

색장
色莊

장莊은 엄하면서도 밝은 것으로, 색장色莊이란 기운이 엄해도 얼굴은 밝고 온화한 것을 말한다. 기운이 엄해도 얼굴빛이 밝지 못하면 성내는 것에 가깝고, 의리가 엄해도 얼굴빛이 밝지 못하면 애걸하는 것처럼 보이며, 말이 엄해도 얼굴빛이 밝지 못하면 남에게 시비 거는 것처럼 보이니, 얼굴빛이 밝고 온화한 것은 그 사람의 밝은 기틀을 말해준다.

莊은 厲而潤也라. 氣嚴而不色莊이면 近於怒하고 義嚴而不色
장 여이윤야 기엄이불색장 근어노 의엄이불색

莊이면 近於托하고 詞嚴而不色莊이면 近於論이니 色莊은 發
장 근어탁 사엄이불색장 근어론 색장 발

之機也니라.
지기야

능훈
能訓

능훈能訓이란 참다운 가르침은 솔선수범하는 엄격한 처신에 있다는 말이다. 스승이 엄하면 가르치지 않아도 제자들이 스스로 깨달아 본받고, 아버지와 형이 엄하게 행동하고 실천하면 자식과 동생들에게 훈계하지 않아도 스스로 알아서 본받으며, 어른이 엄숙하게 행동하고 바르게 실천하면 훈계하지 않아도 이웃이 스스로 깨달아 본받는다.

傅嚴則不訓而門徒가 能自訓하고 父兄이 嚴則不訓而子弟가
부엄즉불훈이문도 능자훈 부형 엄즉불훈이자제

能自訓하며 長嚴則不訓而隣里가 能自訓이니라.
능자훈 장엄즉불훈이인리 능자훈

第283事 福6門45戶

급거
急祛

급거急祛란 악한 것을 보면 지체 없이 물리치는 용기를 말한다. 성품이 엄하지 못하면 용기가 없고, 엄하면 용기가 있다. 용기가 있는 사람은 착하지 못한 것을 보면 급히 물리치고, 믿지 못할 것을 봐도 급히 물리치며, 의롭지 못한 것을 봐도 급히 물리친다. 엄함은 용기의 근원이다.

性不嚴則無勇하고 嚴則有勇이라. 勇者는 見不善急祛하고 見不信急祛하며 見不義急祛하니 嚴은 勇之源也니라.
성불엄즉무용 엄즉유용 용자 견불선급거 견불신급거 견불의급거 엄 용지원야

제7강령

보報

제7강령 보報 제284사 6계階 30급級

제1계 적積 제285사

제1급 세구世久 제286사
제2급 무단無斷 제287사
제3급 익증益增 제288사
제4급 정수庭授 제289사
제5급 천심天心 제290사
제6급 자연自然 제291사

제2계 중重 제292사

제7급 유조有早 제293사
제8급 공실恐失 제294사
제9급 면려勉勵 제295사
제10급 주수株守 제296사
제11급 척방斥謗 제297사
제12급 광포廣佈 제298사

제3계 창刱 제299사

제13급 유구有久 제300사
제14급 유린有隣 제301사
제15급 기연其然 제302사
제16급 자수自修 제303사
제17급 불권不倦 제304사
제18급 욕급欲及 제305사

제4계 영盈 제306사

제19급 습범襲犯 제307사
제20급 연속連續 제308사
제21급 유가有加 제309사
제22급 전악傳惡 제310사

제5계 대大 제311사

제23급 감상勘尙 제312사
제24급 무탄無憚 제313사
제25급 취준驟峻 제314사
제26급 외선外善 제315사

제6계 소小 제316사

제27급 배성背性 제317사
제28급 단련斷連 제318사
제29급 불개不改 제319사
제30급 권린勸隣 제320사

보
報

보報는 하늘이 악한 사람에게는 재앙으로 갚고 착한 사람에게는 복으로 갚는 것으로, 여기에는 여섯 가지의 단階과 서른 가지의 급級이 있다.

報者는 天이 報惡人以禍하고 報善人以福하니 有六階三十級이니라.
보자 천 보악인이화 보선인이복 유육계삼십급

적
積

적積이란 수가 많아지는 것을 이른다. 사람이 덕을 닦고 선을 행하여 그것이 쌓이고 쌓이면 사람들이 오래도록 감동하고, 신이 이미 감동하고 하늘도 또한 감동하여 가히 최상의 복을 받게 된다.

積者는 多數之謂也라. 修德行善하여 積之纍之면 人久感之
적자 다수지위야 수덕행선 적지누지 인구감지

하고 神已感之면 天亦感之하여 可領上福이니라.
신이감지 천역감지 가령상복

第286事 報1階1級

세구
世久

세구世久란 여러 세대에 걸쳐 선행을 하는 것이다. 한 해 자란 나무는 한 해의 이슬을 받고, 십 년 자란 나무는 십 년의 이슬을 받는다. 거듭 이슬을 받아 열매를 맺으면 가히 다음 복을 받을 수 있다.

世久者는 累世行善也라. 一年之木은 受一年之露하고 十年之木은 受十年之露하니 重露結實이면 可領次福이니라.
세구자 누세행선야 일년지목 수일년지로 십년지목 수십년지로 종로결실 가령차복

第287事 報1階2級

무단
無斷

무단無斷이란 선을 행하는 마음이 끊어지지 않고 계속됨을 말한다. 하룻밤에 세 권의 책을 읽으면 천 권의 책도 읽을 수 있으며, 하루에 천 걸음을 걸으면 만 리 길도 도달할 수 있다. 선을 행하는 것도 이와 같이 하면 가히 그 복을 누릴 수 있다.

無斷者는 行善之心이 無間斷也라. 一夜三篇이면 千書를 可
무단자 행선지심 무간단야 일야삼편 천서 가

讀이요 一日千步면 萬里可達이니 善亦如之라야 可領其福이니라.
독 일일천보 만리가달 선역여지 가령기복

익증
益增

익증益增이란 날이 갈수록 선을 더 많이 행하고, 달이 갈수록 덕이 더해가는 것을 말한다. 쇠를 불에 단련하고 또 단련하면 마침내 보검이 되고, 돌을 갈고 또 갈면 마침내 아름다운 옥이 된다. 착함이 보검처럼 빛나고 덕이 옥처럼 윤택하면 가히 그 복을 받을 수 있다.

益增者는 日益善而月增德也라. 鍊之又鍊이면 終成寶劍이요
익증자 일익선이월증덕야 연지우련 종성보검

磨之又磨면 終爲美玉이라 善如劍光하고 德如玉潤이면 可
마지우마 종위미옥 선여검광 덕여옥윤 가

領其福이니라.
령기복

第289事 報1階4級

정수
庭授

정수庭授란 가정에서 아버지의 선행을 계속 이어가는 것을 말한다. 아버지는 착한데 아들이 악한 집안이 있고, 반대로 아버지는 어리석은데 아들은 현명한 집안이 있다. 아버지도 착하고 아들도 착한 집안이 드물지만, 아버지의 착함을 이어나가는 것을 연촉聯燭, 즉 불을 꺼뜨리지 않고 계속 촛불을 밝히는 것이라 하니 가히 그 복을 받을 수 있다.

庭授者는 繼父善也라. 父善而子惡者有하며 父愚而子賢者有하고
정수자 계부선야 부선이자악자유 부우이자현자유

父善而子善者鮮이나 能繼父善을 謂之聯燭이니 可領其
부선이자선자선 능계부선 위지연촉 가령기

福이니라.
복

第290事

천심
天心

報1階5級

천심天心이란 배운 바는 없으나 다만 본래의 천심으로 선을 행하는 것을 말한다. 선행이라 이르는 것을 따르고, 착한 일이라 일러주면 그대로 행하며, 착한 마음이라 일러주면 그대로 베풀어, 비록 어짊을 행하지는 못하더라도 착하지 않은 것은 행하지 않으니 가히 그 복을 받을 것이다.

天心者는 無所學而只有天心之向善也라. 云善行이면 從하며
천심자 무소학이지유천심지향선야 운선행 종

云善事면 作하며 云善心이면 施하여 雖不蹈仁이나 不善不爲니
운선사 작 운선심 시 수부도인 불선불위

可領其福이니라.
가령기복

第291事 報1階6級

자연
自然

자연自然이란 저절로 착하게 되는 것을 말한다. 글을 배우고 지식이 있어 높은 벼슬자리에 올랐어도 천심을 가진 사람은 비록 착하지 않은 짓을 하려고 해도 하지 못한다. 천심으로 덕을 닦고 선을 행하여 티도 없고 흠도 없으면 가히 그 복을 받을 수 있다.

自然者는 自然爲善也라. 抱持文學하고 縻絆位處하면 雖欲爲不善이나 不得이니 修德行善하고 無瑕無疵면 可領其福이니라.
자연자 자연위선야 포지문학 미반위처 수욕위불선 부득 수덕행선 무하무자 가령기복

중
重

중重이란 한 번에 큰 선행을 하는 것을 말한다. 선을 행하는데 있어서 용감하면 남이 행하지 못하는 것을 행하게 되고, 선행에 대한 정성이 지극하면 남이 미치지 못하는 것을 성취하게 된다. 그러므로 용감하게 선을 행하고, 정성스럽게 선을 행하면 가히 그 복을 받을 것이다.

重은 一擧而爲大善也라. 行人之不行은 善之勇也요 及人之
중 일거이위대선야 행인지불행 선지용야 급인지

不及은 善之誠也니 有善勇하고 有善誠이면 可領其福이니라.
불급 선지성야 유선용 유선성 가령기복

第293事 報2階7級

유조
有早

유조有早란 어린 나이 때부터 선을 행하는 것을 말한다. 사람이 어릴 때에는 아직 뜻이 서지 못하고 학문이 두루 미치지 못하여 지혜의 문이 열렸다 닫혔다 하고, 생각하는 범위가 어두웠다 밝았다 하나 능히 착한 일을 하니 그 복을 받는다.

有早者는 有早年爲善也라. 人之幼也에 志未定하며 學未浹하여
유조자 유조년위선야 인지유야 지미정 학미협

慧竇開閉하고 局量이 晦明하되 能爲善事하니 可領其福이니라.
혜두개폐 국량 회명 능위선사 가령기복

공실
恐失

공실恐失이란 착한 마음을 잃을까 두려워하는 것이다. 착함을 보배처럼 알고 악함을 도둑처럼 알아, 항상 보배를 도둑에게 잃을까 두려워하고 보배를 품어 스스로 보호하며, 한결같이 도둑을 진압하여 보배 있는 방에 가까이 못하게 하면 그 복을 받을 수 있다.

恐失者는 恐失其善也라. 認善如寶하며 認惡如盜하여 恒恐失寶於盜하며 抱寶自保하고 一心鎭盜하여 不近寶室이면 可領其福이니라.
공실자 공실기선야 인선여보 인악여도 항공실보어도 포보자보 일심진도 불근보실 가령기복

第 295 事 報 2 階 9 級

면려
勉勵

면려勉勵란 선행에 힘쓰고 선행을 권장하는 것을 말한다. 선행에 힘써도 선행이 잘 피어나지 않거든 남에게 선행을 장려하고, 선행을 장려해서 선행이 피어나거든 다시 선행에 힘써야 한다. 그리하면 그것이 더욱 선행이 되어 그 복을 받는다.

勉勵者는 勉善而勵善也라. 勉善而不振하거든 勵善하며 勵善
면려자 면선이여선야 면선이부진 여선 여선

而振하여 更勉善이면 善哉善哉라 可領其福이니라.
이진 갱면선 선재선재 가령기복

第296事 報2階10級

주수
株守

주수株守란 착함을 스스로 지켜 옮기지 않는 것을 말한다. 성품이 부드러우면 착해도 착함을 드러내지 못하고, 성품이 좁으면 착하기는 해도 착함을 잘 거느리지 못하며, 성품이 약하면 착해도 착함을 잘 세우지 못한다. 스스로 착함을 지키기를 줄기가 뿌리를 지키듯 한결같이 정성을 다하면 하늘의 기틀이 자연적으로 열려 그 복을 받는다.

株守者는 守善不遷也라. 性柔면 善而不能彰善하고 性俠이면
주수자 수선불천야 성유 선이불능창선 성협

善而不能統善하고 性弱이면 善而不能立善이니 自守善을 如
선이불능통선 성약 선이불능입선 자수선 여

株守根하여 天機自在니 可領其福이니라.
주수근 천기자재 가령기복

第297事 報2階11級

척방
斥謗

척방斥謗이란 착함을 해치는 비방을 물리치는 것을 말한다. 성품이 한쪽으로 치우쳐 공평하지 못해도 한 가지 착함을 보고 백 가지 비방을 물리치고, 한 가지 착함을 듣고 백 가지 비방을 물리치기를 거듭하면 더욱 착해져 비방을 따르지 않는다. 이것이야말로 천성天性이 굳은 것이니 가히 그 복을 받는다.

斥謗者는 斥害善之謗也라. 性僻이라도 見一善百謗을 斥之하고
척방자 척해선지방야 성벽 견일선백방 척지

聞一善百謗을 斥之하며 甚則益於善而亦不從이니 天性之
문일선백방 척지 심즉익어선이역부종 천성지

固也라 可領其福이니라.
고야 가령기복

第298事 報2階12級

광포
廣佈

광포廣佈란 착함을 널리 펴는 것을 말한다. 착한 일을 들어 남에게 들려주며, 착한 말을 하여 남을 칭찬하면서도 착한 사람이 자신을 따르고 악한 사람이 자신을 희롱함을 알지 못한다. 이는 천성이 순진하기 때문이니 그 복을 받는다.

廣佈者는 佈善廣也라. 擧善事聞人하며 設善言揚人하면 不知
광포자 포선광야 거선사문인 설선언양인 부지

善人之從己와 惡人之戲己나 天性之純也니 可領其福이니라.
선인지종기 악인지희기 천성지순야 가령기복

창
刱

창刱이란 착함을 시작하는 것이다. 삶아서 옷에 물든 것을 제거하는 것은 삶음의 시작이고, 물에 씻어서 더러운 때를 빼는 것은 빨래의 시작이며, 뉘우쳐서 악함을 제거하는 것은 착함의 시작이다. 그러므로 몸의 혼탁함을 벗고 마음을 맑은 물에 씻으면 가히 그 복을 받는다.

刱은 刱善이니 蒸而去染者는 蒸刱也요 浣而去汚者는 浣刱
창 창선 증이거염자 증창야 완이거오자 완창

也요 悔而去惡者는 善刱也니 脫身混涿하며 洗心淸流라 可
야 회이거악자 선창야 탈신혼승 세심청류 가

領其福이니라.
령기복

第300事　　報3階13級

유구
有久

유구有久란 악함을 물리치고 착함으로 나아간 햇수가 오래된 것을 말한다. 성품이 악하면 사람을 상하게 하고, 마음이 악하면 사람을 함정에 빠뜨리며, 악한 욕심을 품으면 사람을 해친다. 이 세 가지의 악을 모두 버리고 착함으로 나아가고, 또 그러한 햇수가 해를 거듭하여 오래되어도 과거의 악함으로 돌아가지 않는다면, 비록 어린아이처럼 착해지기는 어렵다 해도 그 복을 받을 수 있다.

有久者는 去惡就善이 足有歲久也라. 性惡傷人하며 心惡陷
유구자 거악취선 족유세구야 성악상인 심악함

人하고 欲惡殘人이니 能去三惡而就善하고 就又有歲久하여
인 욕악잔인 능거삼악이취선 취우유세구

不回舊頭면 難于稚善이라도 可領其福이니라.
불회구두 난우치선 가령기복

第301事 報3階14級

유린
有隣

유린有隣이란 착함을 이웃과 함께 하는 것을 말한다. 양이 개와 무리 짓지 않으며 기러기가 제비와 함께 날지 않는 것이 도리에 합당한 것이다. 착한 사람은 착한 이와 이웃하므로 이웃이 착하지 않으면 곧 그 곳을 떠나 자신의 착한 덕이 손상될까 두려워하니, 가히 그 복을 받을 수 있다.

有隣者는 同隣于善也라. 羊不群犬하며 鴻不集燕은 理也라.
유린자 동린우선야 양불군견 홍부집연 이야

善者隣善이니 隣不善則去之하여 恐損善德이니 可領其福이니라.
선자인선 인불선즉거지 공손선덕 가령기복

第302事

기연
其然

報3階15級

기연其然이란 착함은 허락하고, 악함은 허락하지 않는 것을 말한다. 갯버들이 바람 부는 대로 흔들려도 그 잎이 언덕에는 나부끼지 않듯이, 사람의 성품은 본래 착하나 혹 물결이 일어 착해지기도 하고 악해지기도 한다. 착함은 허락하고 악함은 허락하지 않는 것은 참됨으로 돌아오는 것이니, 가히 그 복을 받는다.

其然者는 然善이요 不然惡也라. 風蒲無定에 葉不飄岸이니
기연자 연선 불연악야 풍포무정 엽불표안

人之性이 善也라 性或浪하여 欲善欲惡에 然善而不然惡은
인지성 선야 성혹랑 욕선욕악 연선이불연악

返眞也니 可領其福이니라.
반진야 가령기복

第303事 報3階16級

자수
自修

자수自修란 스스로 자신의 착함을 닦는 것을 말한다. 남에게 착함을 나타낼 수도 없다 하고, 남에게 착함을 권하는 것 역시 할 수 없다 하며, 스스로의 착함을 닦기만 하다가 남의 큰 착함을 듣고 부끄러워할 줄 아는 것은 어진 성품이니 가히 그 복을 받는다.

自修者는 自修己善也라. 著人善을 曰不能이요 勸人善을 亦
자수자 자수기선야 저인선 왈불능 권인선 역

曰不能이라 하며 徒自修善에 聞人大善而輒愧之는 良性也니
왈불능 도자수선 문인대선이첩괴지 양성야

可領其福이니라.
가령기복

第 304 事　　報 3 階 17 級

불권
不倦

불권不倦이란 착한 일을 함에 게으르지 않은 것을 말한다. 부지런한 도공은 그릇을 만들되 만족할 만큼 아름다워야 작업을 그치고, 부지런한 의사는 병을 치료함에 약을 다 써야 그친다. 선을 행하는 것도 이와 같이 끝까지 부지런해야 한다. 착함을 찾고, 쌀을 일듯이 착함을 잘 골라서, 모두 착함에 부합했을 때 착함을 그치는 것은 부지런한 성품이니, 가히 그 복을 받을 수 있다.

不倦者는 不倦爲善也라. 勤匠은 造器하여 窮美而止하며 勤
불권자　불권위선야　근장　조기　궁미이지　근

醫는 診疴하여 盡藥而止하니 勤善도 亦如之하여 尋善淘善
의　진아　진약이지　근선　역여지　심선도선

하여 合善而止는 勤性也니 可領其福이니라.
합선이지　근성야　가령기복

第305事 報3階18級

욕급
欲及

욕급欲及이란 착함에 이르고자 하는 마음이다. 성품이 어리석고 아는 것이 어두우면 비록 착한 일을 하고자 해도 무엇이 착한 일인지 알지 못한다. 다만 악이 옳지 않다는 것을 아는 것은 참된 성품이니, 가히 그 복을 받는다.

欲及者는 欲及於善也라. 性昏知昧하여 雖欲爲善이나 不知善
욕급자 욕급어선야 성혼지매 수욕위선 부지선

之所善이요 惟知惡之不可는 眞性也니 可領其福이니라.
지소선 유지악지불가 진성야 가령기복

영
盈

영盈은 열(十)을 뜻하며 악으로 가득 차 넘치는 것을 말한다. 악이 다하여 아홉에 이르면 이번 생이 악한 것이고, 악이 극에 달아 열에 이르면 전생의 악함이다. 악함이 여지없이 가득 차면 최상의 재앙을 받게 된다.

盈은 十數也라. 窮惡은 盈九니 惡於當世하고 極惡은 盈十이니
영 십수야 궁악 영구 악어당세 극악 영십

亦惡於前世也라. 惡盈無餘니 可領上禍니라.
역악어전세야 악영무여 가령상화

第307事 報4階19級

습범
襲犯

습범襲犯이란 아버지의 악함을 아들이 이어받는 것을 말한다. 앞집에 불이 나고 뒷집에 또 불이 나면 다 타 없어져 성할 리가 없다. 이미 아버지가 악을 범하고 자식이 또한 악을 답습하면, 꺾지도 못하고 그치게도 못할 것이니 가히 두 번째로 가장 큰 화를 받을 것이다.

襲犯者는 承父惡也라. 前家火起하고 後家又火면 不滅者未
습범자 승부악야 전가화기 후가우화 불멸자미

有하며 父已犯惡하고 子又襲惡이면 不折不止니 可領次禍니라.
유 부이범악 자우습악 부절부지 가령차화

第308事 報4階20級

연속
連續

연속連續이란 계속해서 악을 행하는 것을 말한다. 도둑은 아버지에게 악을 듣고, 흉악한 사람은 아들에게 악을 가르치니, 아비의 악함을 들을 것인가, 자식에게 악을 가르칠 것인가. 아비에게 악함을 듣고 그대로 행하며, 자식에게 악함을 가르쳐 채찍질하면 계속해서 악이 끊이지 않으니 큰 화를 받는다.

連續者는 做惡連續也라. 賊人은 聽父하고 凶人은 教子하니
연속자 주악연속야 적인 청부 흉인 교자

聽父惡乎아 教子惡乎아. 聽父惡而行之하며 教子惡而鞭之하면
청부악호 교자악호 청부악이행지 교자악이편지

連續轉惡也니 可領大禍니라.
연속전악야 가령대화

第309事 報4階21級

유가
有加

유가有加란 악을 점점 더해가는 것을 말한다. 악어는 작은 물고기를 삼키지 않으며, 이리는 작고 연약한 짐승을 먹지 않는다. 이처럼 가벼운 악은 그치면서 더 무거운 악은 행하는 것은 악을 가중시키는 것이니 하늘의 화를 받는다.

有加者는 加惡也라. 鰐은 不呑細泳하고 狼은 不嘒殘走니 惡
유가자 가악야 악 불탄세영 랑 불혜잔주 악

輕則止하고 惡重則行이 加惡也니 可領其禍니라.
경즉지 악중즉행 가악야 가령기화

第310事 # 전악 傳惡 報4階22級

전악傳惡이란 남에게 악을 전하는 것을 말한다. 자기의 악함을 고칠 줄 모르고 남의 악함도 고치기를 권하지 않으며, 도리어 어리석고 선량한 사람을 희롱하고 유혹하여 무리를 지어 자기의 악함을 돕게 한다. 그럴듯한 말로써 악을 비호하고 옹호하면서 어리석고 선량한 사람에게 책임을 떠맡겨 함정에 빠뜨리니, 하늘의 화를 면하기 어렵다.

傳惡者는 傳惡於人也라. 己惡을 不知改하고 人惡을 不勸改하며
전악자 전악어인야 기악 부지개 인악 불권개

反誘弄愚良하여 黨助己惡하며 護惡登辨하고 推委愚良하여
반유롱우량 당조기악 호악등변 추위우량

眞惡이 陷假惡이니 可領其禍니라.
진악 함가악 가령기화

第311事 報5階

대
大

대大란 한 번의 행위로 큰 악을 저지르는 것을 말한다. 작은 악을 저지르는 사람은 어리석어서 스스로 깨닫기 어려우나, 큰 악을 저지르는 사람은 영악스러워서 한 번 저지른 죄가 신명과 사람을 꿰뚫으니, 가히 그 화를 받는다.

大는 一爲而做大惡也라. 做小惡者는 愚也니 處否似하여 或
대 일위이주대악야 주소악자 우야 처부사 혹

難自覺하고 做大惡者는 智也니 一時行事에 罪貫神人이라
난자각 주대악자 지야 일시행사 죄관신인

可領其禍니라.
가령기화

第312事 報5階23級

감상
勘尙

감상勘尙이란 죄를 징계하고 문초해도 고치지 않는 것을 말한다. 한 번 저지른 악은 징계로 다스리고, 두 번째 지은 악은 문초하여 다스린다. 그래도 오히려 잘못을 고칠 줄 모르고 평생토록 악을 저지르는 것은 악에 미친 것이니 하늘의 화를 피하기 어렵다.

勘尙者는 懲勘而不改也라. 一惡은 經懲하고 再惡은 經勘
감 상 자 징 감 이 불 개 야 일 악 경 징 재 악 경 감

이요 猶不知改하여 終身做惡은 狂惡也니 可領其禍니라.
유 부 지 개 종 신 주 악 광 악 야 가 령 기 화

第313事 報5階24級

무탄
無憚

무탄無憚이란 악을 저지르고도 마음에 거리낌이 없는 것을 말한다. 악함을 말하면서 남이 말하여 깨뜨릴까 겁을 내고, 악함에 처해서도 남이 알까 두려워하여 스스로 악함을 감추는데 이미 저지른 악에 진실로 두려워함이 없고, 또한 장차 지을 악에도 전혀 거리낌이 없는 것은 최고의 악질이니 하늘의 화가 당장 미친다.

無憚者는 做惡而無忌憚也라. 說惡而怕人道破하여 處惡而畏
무탄자 주악이무기탄야 설악이파인도파 처악이외

人知覺을 自諱隱惡이요 旣裨惡에 無眞心畏㤼하고 將營惡에
인지각 자위은악 기비악 무진심외겁 장영악

無眞心忌憚은 頑惡也니 可領其禍니라.
무진심기탄 완악야 가령기화

第314事 報5階25級

취준
驟峻

취준驟峻이란 평소에는 착하고 어질다가 갑자기 큰 악을 저지르는 것을 말한다. 어질면서 악을 저지르는 사람은 없고, 착하면서 악을 저지르는 사람 또한 없다. 그 본래 마음이 어질지 못하고 본래 성품이 착하지 못하여, 갑자기 큰 악을 저지르는 것은 악이 감추어져 있었기 때문이니 이 또한 하늘의 화를 피하기 어렵다.

驟峻者는 平居에 善良하다가 驟爲峻惡也라. 良而做惡者無하며
취준자 평거 선량 취위준악야 양이주악자무

善而做惡者亦無하니 其原心이 不良하고 原性이 不善하여
선이주악자역무 기원심 불량 원성 불선

輒行峻惡은 藏惡也니 可領其禍니라.
첩행준악 장악야 가령기화

第315事 報5階26級

외선
外善

외선外善이란 겉으로는 착하지만 속은 악한 것이다. 말은 바르되 행동이 그에 따르지 못하고, 행동은 따르되 일이 미덥지 않은 것이다. 눈 덮인 함정 속에 악의 씨를 잔뜩 품고 있는 것은 겉으로는 보이지 않는 어두운 악이니, 반드시 하늘의 화를 받는다.

外善者는 外善而內惡也라. 言正而行不合하며 行合而事不孚라
외선자 외선이내악야 언정이행불합 행합이사불부

雪下陷穽에 惡胎產滿은 盲惡也니 可領其禍니라.
설하함정 악태산만 맹악야 가령기화

소
小

소小는 작은 악을 뜻한다. 허물이 지나치면 죄악이 되니, 큰 허물과 큰 잘못은 지혜가 어둡기 때문에 생긴다. 작은 악도 역시 저질러진 것이니, 하늘의 화를 피하기 어렵다.

小는 小惡也라. 過愆에 過曰惡이니 大愆大過는 出自昧智나
소 소악야 과건 과왈악 대건대과 출자매지

小惡도 亦所做라 可領其禍니라.
소악 역소주 가령기화

第317事

배성
背性

報6階27級

배성背性이란 본성을 저버리는 것을 말한다. 편협한 마음을 버리고 넓은 아량으로 살며, 옹졸한 마음을 버리고 씩씩한 기상으로 살아야 한다. 악을 시험삼아 행하여 한 번 이익을 구했다고 해서 계속해서 악을 찾아다니며 악을 거듭 행하고 악으로만 사는 것은 본성을 배반하고 악으로 뛰는 것이니, 하늘의 화를 받는다.

背性者는 捨本性也라. 捨挾便闊하며 捨拙便豪라 試惡成利
배성자 사본성야 사협편활 사졸편호 시악성리

하여 認作良方하고 奔身買惡은 跳惡也니 可領其禍니라.
인작양방 분신매악 도악야 가령기화

第318事

단련
斷連

報6階28級

단련斷連이란 악을 끊으려 하다가 다시 악을 계속 이어가는 것을 말한다. 남몰래 악을 행했다가 그것이 탄로나자 두려움을 품고, 악을 끊었다가 사람들이 잠잠해지자 다시 악을 꾀하는 것은 아주 요사스러운 악이니, 하늘의 화를 받는다.

斷連者는 欲斷惡而復連惡也라. 密惡은 旣露에 懷懼欲斷이다가
단련자 욕단악이부연악야 밀악 기로 회구욕단

人言이 稍定에 復謀其惡은 妖惡也니 可領其禍니라.
인언 초정 부모기악 요악야 가령기화

第319事 報6階29級

불개
不改

불개不改란 악을 아는 사람이 마땅히 고쳐야 하나 차마 고치지 못하는 것을 말한다. 마땅히 고쳐야 한다는 것을 알면서도 차마 고치지 못하는 것은 이익을 얻고자 하는 마음 때문이니, 이는 어두운 악에 들떠 있는 것으로 하늘의 화를 받는다.

不改者는 知惡人이 當改而不忍改也라. 知其當改하되 不忍
불개자 지악인 당개이불인개야 지기당개 불인

改者는 爲欲利이니 浮於昧惡이라 可領其禍니라.
개자 위욕리 부어매악 가령기화

第320事 報4階30級

권린
勸隣

권린勸隣이란 자기 혼자 악에 빠지는 것을 두려워하여, 자신을 따르도록 선량한 사람을 유혹해 같이 악에 빠지는 것이다. 선량한 사람이 자기를 따르지 않으면 도리어 그 선량한 사람을 모함하여 자기의 악을 배불리 하는 것은 마치 악에 굶주린 것과 같으니, 마땅히 하늘의 화가 내린다.

勸隣者는 恐己惡孤立하여 勸良順從己니 良順이 不從이면
권린자 공기악고립 권양순종기 양순 부종

反謀良順하니 己惡이 乃漲은 餓惡也니라 可領其禍니라.
반모양순 기악 내창 아악야 가령기화

제 8 강령

응應

응
應

응應이란 악한 사람은 재앙을 받고 착한 사람은 복을 받는 것으로, 여기에는 여섯 가지의 과果와 서른아홉 가지의 형形이 있다.

應者는 惡受禍報하고 善受福報하니 有六果三十九形이니라.
응자 악수화보 선수복보 유육과삼십구형

적
積

정성은 인간사의 근본이며, 응답은 하늘의 이치가 다양한 인과 형태로 나타나는 시장과 같다. 화와 복은 모두 쌓음으로 인해 오는 것이니, 큰 화를 내려 악인을 응징하며, 큰 복을 내려 착한 사람에게 보답한다.

誠者는 人事之本이요 應者는 天理之市라. 禍福이 皆因所積
성자 인사지본 응자 천리지시 화복 개인소적

而來也니 降大禍하여 報惡人하며 降諸福하여 報善人이니라.
이래야 강대화 보악인 강제복 보선인

第323事 應1果1形

극존
極尊

극존極尊이란 지극히 높고 존귀해지는 것을 말한다. 밝은이는 큰 덕을 받아 큰 자리에 처하여, 하늘과 땅을 맡아 인류에게 가르침을 편다.

哲人은 賦大德하며 處大位하여 司天地하며 布人族化니라.
철인 부대덕 처대위 사천지 포인족화

거유
巨有

거유巨有란 크게 소유한다는 뜻으로, 두터운 덕을 타고나 본래 자리에 머물면서 넓은 땅을 가지고 보화를 저장하고 있어 근심이 끊어지고 비참한 일도 없다.

巨有者는 賦厚德하며 居素位하고 廣有土地하며 貯有寶貨하고
거 유 자　부 후 덕　거 소 위　광 유 토 지　저 유 보 화

絶憂愁하며 塞悲慘이니라.
절 우 수　색 비 참

상수
上壽

상수上壽란 양생養生에 절도가 있어 신선의 골격으로 몸이 화하는 것을 말한다. 신선은 태양의 정기를 받으며 이슬을 마시고, 육체는 건강하고 기운은 맑으며, 따뜻한 옷을 휘날리고 단맛을 누리니, 머리는 백발이라도 얼굴은 동안으로 장수를 누린다.

上壽者는 養生有度하여 仙骨이 化爲身이니 挹日華하며 飮露
상수자 양생유도 선골 화위신 읍일화 음로

液하며 筋健氣俏하고 揮煖裳하며 享甘旨하며 鶴髮童顔으로
액 근건기초 휘난상 향감지 학발동안

延年益壽니라.
연년익수

第326事 應1果4形

제손
諸孫

제손諸孫이란 여러 자손을 말한다. 한 집이 열 집이 되고 열 집이 백 집이 되니, 부모의 자애로움과 자식의 효도가 날개를 편 것처럼 펼쳐지고, 화목과 화평이 숲처럼 우거지며, 먹을 것이 넉넉하고 입을 것이 풍족하여, 자손들의 글 읽는 소리가 밤낮으로 끊이지 않는다.

一家化十家하고 十家化百家하니 慈孝羽列하고 睦和林立
일 가 화 십 가 십 가 화 백 가 자 효 우 열 목 화 임 립

하며 裕食足衣하여 書聲이 徹日夜니라.
유 식 족 의 서 성 철 일 야

第327事

강녕
康寧

應1果5形

강녕康寧이란 건강하고 편안한 것을 말한다. 좋은 집안에 태어나서 그 빼어난 모습은 비길 데가 없고, 잘 입고 잘 먹어 몸이 맑고 건강하며, 편안히 늙어 평생토록 세상의 고락苦樂을 받지 않는 것이다.

康寧者는 生於吉門하여 英姿罕儔하고 長於錦臠하여 身體淸健하며 老於安樂하여 甘苦不入聞이니라.
강녕자 생어길문 영자한주 장어금련 신체청건 노어안락 감고불입문

第328事 應1果6形

선안
仙安

선안仙安이란 참전계를 지키면서 신선처럼 안락하게 사는 것을 말한다. 참전으로 법도를 이루어 명산에 거하면서 뜻을 숭상함이 높고 크다. 실질적인 것을 밝히고 세상을 밝게 하는 것으로 일을 삼아 양생으로 오래오래 살다가 높은 하늘로 날아오른다.

仙安者는 參佺成度하여 主名山勝地하고 尙志高大하며 徵實
선안자 참전성도 주명산승지 상지고대 징실

務白하며 養生衍年하며 飛昇大空이니라.
무백 양생연년 비승대공

第329事 應1果7形

세습
世襲

세습世襲이란 높은 전통을 잇기 위해 문무의 재능을 겸비하고, 장수와 재상의 소임을 맡아 그 공덕을 한 세상에 펴고 이름을 천추에 떨치는 것을 말한다.

世襲者는 爲嗣尊統하여 懷文武之才하고 受將相之任하여 功
세 습 자 위 사 존 통 회 문 무 지 재 수 장 상 지 임 공

蓋一世하고 名振千秋니라.
개 일 세 명 진 천 추

第330事 # 혈사 血祀 應1果8形

혈사血祀란 도가 높고 덕이 깊어 하늘을 대신하여 가르침을 세우고, 사람을 교화하여 법을 만들어 만세의 스승이 되는 것을 말한다.

血祀者는 道高德重하여 代天立教하고 化人成規하여 爲萬世師니라.
혈사자 도고덕중 대천입교 화인성규 위만세 사

중
重

종훈倧訓(천부경, 삼일신고)을 중히 여기는 것은 나라의 주체이기 때문이고, 전佺(참전계경)을 중히 여기는 것은 백성의 교본이기 때문이다. 나라 다스리는 근본 원리가 모두 여기에서 나온 것으로, 밝은이는 산천의 정기를 빚어내어 종훈으로 선정을 베푸니 천하가 상서롭고, 이 경전으로 널리 백성을 교화하니 백두산이 먼저 신령스러워진다.

倧之所重者는 國體也요 佺之所重者는 民敎也라. 治亂이 皆
종지소중자 국체야 전지소중자 민교야 치란 개

因所本而興也니 哲人之氣는 醞釀山川하여 倧興至治에 天河
인소본이흥야 철인지기 온양산천 종흥지치 천하

先澄하고 佺行敎化에 白岳이 先靈이니라.
선징 전행교화 백악 선령

第332事 應2果9形

복중
福重

복중福重이란 복이 거듭 쌓이는 것을 말한다. 복이 거듭 쌓이면 크게 영화로워져 대대로 벼슬과 복록이 있고, 부귀가 끊이지 않으며, 영웅호걸이 계속 나와 가문을 빛낸다.

福重則大榮이니 世有爵祿하고 富貴不絶하며 英俊相承하여
복중즉대영 세유작록 부귀부절 영준상승

門戶煥爀이리라.
문호환혁

第333事

옥백
玉帛

應2果10形

옥백玉帛이란 금은옥백을 많이 가지고 안락하게 사는 것을 말한다. 화려한 집에 살면서 금 · 은 · 옥 · 비단을 많이 갖고, 장사가 잘되어 문전성시를 이루니 교역은 날로 번성하고, 한 세상이 안락하여 송사나 시비가 없다.

居華堂麗室하여 藏金銀玉帛하고 商旅盈門하여 交易日繁하고
거화당려실 장금은옥백 상여영문 교역일번

一世安樂하여 無非無訟이니라.
일세안락 무비무송

第334事

절화
節化

應2果11形

절화節化란 절개로 화한다는 뜻이다. 사람들은 이름난 선비를 스승으로 섬기니, 선비는 살아서는 맑은 덕을 지니며 죽어서는 아름다운 절개를 남긴다.

著名學士를 人皆師事하니 生有淸德하며 死有令節이니라.
저명학사 인개사사 생유청덕 사유영절

第335事 | 應2果12形

현예
賢裔

현예賢裔란 현명한 후손이 태어나 쓰러진 집안을 다시 일으키고, 귀하게 이름을 떨치며 부자가 되어 세상에 나타나니, 덕분에 부모형제가 화평해지고 일가친척이 그 은혜에 감동한다.

賢裔誕降하고 復興寒門하여 貴以顯名하며 富以著世면 六親이
현예탄강 부흥한문 귀이현명 부이저세 육친

和樂하고 族戚이 感恩이니라.
화락 족척 감은

第336事 # 건왕 應2果13形

健旺

건왕健旺이란 운수가 뒤따라 기원하는 일마다 성취되고, 이웃이 화평하여 온 마을이 칭송하고, 말하는 대로 모두가 따르니, 나무를 심고 밭을 갈아 집안이 풍요롭게 되는 것을 말한다.

運健時旺하여 所禱皆中하고 隣和里頌하여 所言皆從하니 植木耕田하여 家道豊隆이니라.
운건시왕 소도개중 인화리송 소언개종 식목경전 가도풍융

길경
吉慶

길경吉慶이란 흉한 일이 물러가고 좋은 일만 생겨, 구태여 구하지 않고 당기지 않아도 경사가 때맞춰 이르고, 집안에 자녀가 가득하여 일평생 즐겁고 기쁘게 보내는 것을 말한다.

凶事去하고 吉事生하니 不求不挽이라도 慶事時至하고 子女
흉사거 길사생 불구불만 경사시지 자녀

滿堂하여 終身喜悅이니라.
만당 종신희열

第338事 應2果15形

세장
世章

세장世章이란 대대로 학업을 닦아 문필에 통달하고, 청렴하고 편안히 녹을 받아 우아하게 살며, 속세의 시끄러움을 떠나 물욕에 젖지 않고 유유자적하게 살아가는 것을 말한다.

世修學業하여 翰墨相接하고 清安得祿하여 優雅自居하며 不
세 수 학 업 한 묵 상 접 청 안 득 록 우 아 자 거 불

與塵聒하여 物外逍遙니라.
여 진 괄 물 외 소 요

第339事 應3果

담
淡

몸이 맑으면 복이 따르니 모든 사람이 덕을 이루어 천하에 본성을 잃은 사람이 하나도 없고, 법을 어기는 사람이 하나도 없다. 모두가 나라의 근본을 빛내고, 사람끼리는 정으로 통하며, 만물의 힘을 두루 보호하고, 즐거움을 뭇사람과 더불어 취하는 것을 기준으로 삼는다.

體淡則福應이니 全人成德하여 天下無一人失性하며 百姓이
체담즉복응 전인성덕 천하무일인실성 백성

無一事違法이라. 明徵國體하고 切合人情하며 周護物力하여
무일사위법 명징국체 절합인정 주호물력

樂取與衆으로 同爲準式이니라.
낙취여중 동위준식

第340事 應3果16形

응복
應福

응복應福이란 일생에 시비가 없고 질병이 없으며, 늙어서는 자손들의 봉양을 받고, 좋은 벗과 세월을 보내는 것이다.

一生에 無是非하고 一生에 無疾病하여 老受子孫享하고 良朋
일생 무시비 일생 무질병 노수자손향 양붕

으로 送歲月이니라.
송세월

第341事 應3果17形

유고
裕庫

유고裕庫란 넉넉한 창고라는 뜻으로 재물 관리를 여유 있게 하는 것을 말한다. 재물을 관리하는 데 인색하지 않고 넉넉하게 하는 사람은 언제나 창고에 오곡이 가득 차 있고, 정성과 믿음으로 일을 하므로 물건을 사고 파는 데 있어서 자기 뜻대로 권한을 행해도 불상사가 생기지 않는다.

管裕人之庫는 五穀이 充滿하고 誠信爲事하여 伊糴伊糶에
관유인지고 오곡 충만 성신위사 이적이조

自手權柄이 無厄이니라.
자수권병 무액

무액
無厄

무액無厄이란 환난이 이미 사라졌기 때문에 더 이상 어렵고 근심스러움이 없고, 곤욕이 끝났기 때문에 더 이상 곤란함과 욕됨이 없으며, 액운이 이미 다했으므로 더 이상 액운이 깃들지 않는 것을 말한다.

患難이 已消故로 無患難이요 困辱이 已空故로 無困辱이요
환난 이소고 무환난 곤욕 이공고 무곤욕

厄會가 已盡故로 無厄會니라.
액회 이진고 무액회

第343事 應3果19形

이수
利隨

이수利隨는 모든 일에 방해하는 것은 물러가고, 이익이 되는 것은 자꾸만 굴러 들어온다는 뜻이다. 이익의 크고 작음은 노력의 크기에 달려 있다.

妨害는 退散하고 利益은 隨至니 利益之輕과 利益之重은 勤之小와 勤之大니라.
방해 퇴산 이익 수지 이익지경 이익지중 근지소 근지대

第344事 應3果20形

천권
天捲

천권天捲이란 하늘에 구름이 걷히듯 재앙이 걷히는 것을 말한다. 재앙이 사라지고 액운이 물러가는 것이 마치 푸른 하늘에 구름이 걷히는 것과 같아서, 모든 착한 사람의 아내는 남편과 화합하여 함께 복을 누리고, 남편 없는 착한 여인은 자식과 화합하여 함께 복을 누린다.

殃消災退에 如青天之捲雲하여 諸善人妻는 和夫同福하고 無
앙소재퇴 여청천지권운 제선인처 화부동복 무

夫善女는 和子孫同福이라.
부선녀 화자손동복

영
盈

밝은이는 가득 차는 것을 경계하며, 뭇사람은 그렇지 못하다. 악을 물리침에 게으르지 않고, 꾸준히 선을 잘 행하면 그것이 곧 가득 차는 것을 경계하는 것이니, 이는 법도에 맞게 살아감으로써 남을 나와 같이 헤아리는 데서 오는 편안함이다.

戒盈者는 哲이요 否者는 爲衆이라. 去惡莫怠하고 守善不遷이면
계영자 철 부자 위중 거악막태 수선불천

是爲戒盈이니 絜矩以安이니라.
시위계영 혈구이안

第346事 應4果21形

뇌진
雷震

뇌진雷震이란 벼락을 맞아서 죽는 것을 말한다. 재앙이 가득 차면 패하니, 죄가 쌓이면 사람으로부터 벌을 받기도 하지만 큰 죄를 지으면 천지가 어둡고 아득하며, 질풍과 폭우가 쏟아지고, 우뢰가 크게 일며, 벽력이 내리쳐 온몸이 다 타 버린다.

禍盈則敗하니 天地溟漠하고 疾風暴雨에 天雷大發하여 霹靂
화영즉패 천지명막 질풍폭우 천뢰대발 벽력

響處에 全身燒燼이니라.
향처 전신소신

第347事 應4果22形

귀갈
鬼喝

귀갈鬼喝이란 악귀가 몸에 붙어 다니는 것을 말한다. 악귀가 몸에 붙어 다니면서 어떤 일을 하든지 다 이루어질 때쯤 무너뜨리고, 이익이 돌아올 때쯤 깨뜨리며, 말을 하면 반드시 비난을 받게 하고, 무슨 행동을 하든지 반드시 남의 노여움을 사게 하여, 애가 타고 혀는 문드러지니 죽어서야 그친다.

惡鬼隨身하여 營事幾完에 沮之하고 求利將成에 破之하며 言
악귀수신 영사기완 저지 구리장성 파지 언

必被謗하고 動必遭怒하여 焦心爛舌에 終身乃止하니라.
필피방 동필조노 초심란설 종신내지

第348事 應4果23形

멸가
滅家

멸가滅家는 죄업이 가득 차서 집안이 망하는 것을 말한다. 생업은 풍비박산이 되고, 자손들은 서리 맞은 낙엽처럼 쇠잔하며, 부부는 불화로 인해 외롭고 또 외로우니, 백발이 되어서도 울부짖을 뿐이다.

產業은 風揚飛散하고 子孫은 霜打殘葉하며 夫妻는 孤且孑
산업 풍양비산 자손 상타잔엽 부처 고차혈

하여 白髮이 長呼哭이니라.
백발 장호곡

第349事 應4果24形

절사
絶祀

절사絶祀란 자손이 없어 제사가 끊어지는 것을 말한다. 물려받은 재산으로 그 식구를 먹여 살리고 재산을 보존하여 그 생애를 마칠 수 있으나, 다만 죽고 나면 아들 딸 하나 없어 제사가 끊어진다.

世産은 保其口하며 存其産하여 終其年이나 但無一個子女
세 산 보 기 구 존 기 산 종 기 년 단 무 일 개 자 녀

하여 絶其祀니라.
절 기 사

第350事 **실시** 應4果25形

실시
失屍

실시失屍란 객사하는 것을 말한다. 먼 타향을 떠돌아 다니는 나그네가 되어 해가 거듭되어도 돌아오지 못하고, 황량한 언덕에서 죽어가도 돌보는 사람이 없다.

遠方爲客하여 積年未歸하고 死于荒丘하여 無人見者니라.
원방위객 적년미귀 사우황구 무인견자

대
大

악이 크면 그 응보 또한 크다. 양심에 부끄러운 그림자가 많으니 재앙이 끊이지 않고, 온갖 귀신이 침노하고 능멸하여 그 이름과 몸이 동시에 없어진다.

感於惡大면 其應也亦大라. 形多愧影이니 禍不旋踵이리오 百鬼侵凌하여 名與身滅이니라.
감어악대 기응야역대 형다괴영 화불선종 백귀침릉 명여신멸

第352事　　應5果26形

인병
刃兵

인병刃兵이란 악을 가득 채우면 병사들의 칼날에 베이는 것과 같은 응징을 받게 된다는 말이다. 늙은 사람의 악행은 오랫동안 쌓여 하나에서부터 아홉까지 이르고, 젊은 사람의 악행은 단숨에 하나를 크게 지어 아홉에 이르니, 모두 병사들의 칼날에 해를 당한다.

老者는 自一至九하고 少者는 一做至九하여 並受兵刃之害니라.
노자　자일지구　소자　일주지구　병수병인지해

第353事 應5果27形

수화
水火

수화水火란 악행이 크면 물이나 불의 재앙을 받게 된다는 말이다. 흐르는 물에도 집을 잃고, 새어 나오는 불에도 집을 잃으며, 떨어지는 물에도 목숨을 잃고, 타는 불에도 몸을 상한다.

漂水失家하고 漏火失家하며 落水逃命하고 焚火傷身이니라.
표수실가 누화실가 낙수도명 분화상신

第354事 應5果28形

도적
盜賊

악행이 크면 위험한 장소에서 도적을 만나 사업 자금을 잃고, 집 안에서 도적을 만나 남은 재산을 잃는다.

險地에 遇盜賊하여 失業金하고 屋裡에 遇盜賊하여 失殘産이니라.
험지 우도적 실업금 옥리 우도적 실잔산

第355事 | 應5果29形

수해
獸害

수해獸害란 악행이 크면 높은 산마루와 깊은 숲에서 사나운 짐승의 공격을 받는다는 말이다.

絶嶺深林에 被猛獸之害니라.
절 령 심 림　피 맹 수 지 해

형역
刑役

형역刑役이란 악행이 크면 많은 해를 감옥에 갇혀 형벌과 노역의 고통을 받게 된다는 말이다.

多小年囹圄에 受刑役之苦니라.
다소년영어 수형역지고

第357事

천라
天羅

應5果31形

천라天羅는 하늘의 그물을 말한다. 이는 넓고 넓어서 사소한 일 하나도 놓치지 않으므로 악을 행하면 매번 천기天氣가 불리하여 곤경에서 벗어나지 못하고, 하는 일마다 끝을 맺지 못한다.

每值天候不利하여 臨難에 脫不得身하고 趁事에 達不得終
매 치 천 후 불 리 　 임 난 　 탈 부 득 신 　 진 사 　 달 부 득 종

이니라.

第358事 應5果32形

지망
地網

지망地網은 땅의 그물을 말한다. 지망은 그 누구도 벗어날 수 없으므로, 악을 행하면 길한 곳은 저절로 멀어지고 흉한 땅은 저절로 가까워지니, 결국 어려움에서 벗어나지 못하고, 하는 일마다 제대로 끝을 맺지 못한다.

吉地自遠하고 凶地自近하여 臨難에 脫不得身하고 趁事에 達不得終이니라.
길지자원 흉지자근 임난 탈부득신 진사 달부득종

第359事

급신
及身

應5果33形

급신及身이란 악행에 대한 하늘의 응보應報로, 뭇사람이 위험한 상황에 놓여 있는데 그 위험이 유독 한 사람에게만 미치고, 열 사람이 함께 거처해도 그 재앙이 유독 한 사람에게만 닥치는 것을 말한다.

衆人同危에 危獨及於一人하고 十人同居에 殃獨及於自己니라.
중인동위 위독급어일인 십인동거 앙독급어자기

소
小

비록 착한 일이라 하더라도 작다 하여 행하지 않고, 비록 악한 일이라 하더라도 크지 않다 하여 행하는 것은, 이에 대한 응답 역시 작기는 하지만 경계하지 않을 수 없다.

雖善이나 以其小不爲하고 雖惡이나 以其不大爲之하니 此亦
수선 이기소불위 수악 이기부대위지 차역

應之小者라 可不戒哉아.
응지소자 가불계재

第361事 應6果34形

빈궁
貧窮

작은 악이라 하더라도 쌓이면 가난을 면치 못해 스스로를 보호하지 못하고, 궁핍하여 스스로 존립하지 못하니, 아무리 가난과 궁함에서 벗어나려고 애를 써도 평생 벗어나지 못한다.

貧不自保하고 窮不自存하니 欲免이나 終身不得이니라.
빈부자보 궁부자존 욕면 종신부득

第362事 應6果35形

질병
疾病

악한 사람은 한평생 질병이 끊이지 않아 마치 나무가 사계절을 잃고 질병으로 시들시들한 것처럼 괴롭게 살아간다.

一生에 多疾病하여 四時에 失序하니 萎靡不振이니라.
일생 다질병 사시 실서 위미부진

第363事

패망
敗亡

應6果36形

악한 사람은 하는 일마다 패하고 망하여 하나도 성취하는 것이 없다.

事事敗亡하여 無一成就니라.
사사패망　　무일성취

第364事 # 미실 應6果37形

靡室

미실靡室은 가족이 없다는 뜻으로, 악한 사람은 아내도 없고 자식도 없어 결국 외로운 몸이 되어, 동쪽에서 불어오는 회오리바람에 떠밀려 서쪽에 떨어진다.

無妻無子하여 孤孑一身이 東飄西零이니라.
무처무자 고혈일신 동표서령

第365事 應6果38形

도개
道丐

도개道丐란 길거리에서 구걸한다는 뜻으로, 악한 사람은 의지할 곳도 없고 거처할 곳도 없어 길거리에서 구걸하며 살아가나, 아무도 구제하는 사람이 없다.

無依無棲하여 道路乞丐하니 無人救濟니라.
무의무서 도로걸개 무인구제

第366事

급자
及子

應6果39形

급자及子란 자손에게 미친다는 뜻으로, 자식은 아비의 재앙을 받고, 모든 악한 사람의 아내는 남편과 함께 재앙을 겪으며, 남편이 없는 악한 여자는 자식과 함께 재앙을 겪는다.

子受父禍하고 諸惡人妻는 和夫同禍하며 無夫惡女는 和子孫同禍니라.
자수부화 제악인처 화부동화 무부악녀 화자손동화

人 中 天 地 一

신성을 깨달은 이는 자기 안에

하늘과 땅과 사람이 모두 하나로 들어 있음을 안다.

|부록| 한국 · 배달국 · 단군조선 시대의 연표

한인桓因 7世 3301年間 또는 63182年間

代	天帝名	桓紀	檀紀	西紀
1	안파견安巴堅	원년	前4864	BC7189
2	혁서赫胥	.	.	.
3	고시리古是利	.	.	.
4	주우양朱于襄	.	.	.
5	석제임釋堤壬	.	.	.
6	구을리邱乙利	.	.	.
7	지위리智爲利 혹은 단인檀仁	3301	1564	3897

한웅桓雄 18世 1565年

代	天帝名	桓紀	開天	檀紀	西紀	재위 기간
1	거발한居發桓	3301	원년	前1564	BC3897	94
2	거불리居弗理	3394	94	1471	3804	86
3	우야고右耶古	3480	180	1385	3718	99
4	모사라慕士羅	3579	279	1286	3619	107
5	태우의太虞儀	3686	386	1179	3512	93
6	다의발多儀撥	3779	479	1086	3419	98
7	거련居連	3877	577	988	3321	81
8	안부련安夫連	3958	658	907	3240	73
9	양운養雲	4031	731	834	3167	96
10	갈고葛古	4127	827	738	3071	100
11	거야발居耶發	4227	927	638	2971	92
12	주무신州武愼	4319	1019	546	2879	105
13	사와라斯瓦羅	4424	1124	441	2774	67
14	자오지慈烏支	4491	1191	374	2707	109
15	치액특蚩額特	4600	1300	265	2598	89
16	축다리祝多利	4689	1389	176	2509	56
17	혁다세赫多世	4745	1445	120	2453	72
18	거불단居弗檀	4817	1515	48	2381	48

단군檀君 47世 2096年

代	天帝名	開天	檀紀	西紀	재위 기간
1	왕검王儉	1565	원년戊辰	BC2333	93
2	부루扶婁	1658	94辛丑	2240	58
3	가륵嘉勒	1716	152己亥	2182	45
4	오사구烏斯丘	1761	197甲申	2137	38
5	구을丘乙	1799	235壬戌	2099	16
6	달문達門	1815	251戊寅	2083	36
7	한율翰栗	1851	287甲寅	2047	54
8	우서한于西翰	1905	341戊申	1993	8
9	아술阿述	1913	349丙辰	1985	35
10	노을魯乙	1948	384辛卯	1950	59
11	도해道奚	2007	443庚寅	1891	57
12	아한阿漢	2064	500丁亥	1834	52
13	흘달屹達	2116	552己卯	1782	61
14	고불古弗	2177	613庚辰	1721	60
15	대음代音	2237	673庚辰	1661	51
16	위나尉那	2288	724辛未	1610	58
17	여을余乙	2346	782己巳	1552	68
18	동엄冬奄	2414	850丁丑	1484	49
19	구모소緱牟蘇	2463	899丙寅	1435	55
20	고홀固忽	2518	954辛酉	1380	43
21	소태蘇台	2561	997甲辰	1337	52
22	색불루索弗婁	2613	1049丙申	1285	48

23	아홀阿忽	2661	1097甲申	1237	76
24	연나延那	2737	1173庚子	1161	11
25	솔나率那	2748	1184辛亥	1150	88
26	추로鄒魯	2836	1272己卯	1062	65
27	두밀豆密	2901	1337甲申	997	26
28	해모奚车	2927	1363庚戌	971	28
29	마휴摩休	2955	1391戊寅	943	34
30	나휴奈休	2989	1425壬子	909	35
31	등올登屼	3024	1460丁亥	874	25
32	추밀鄒密	3049	1485壬子	849	30
33	감물甘勿	3079	1515壬午	819	24
34	오루문奧婁門	3103	1539丙午	795	23
35	사벌沙伐	3126	1562己巳	772	68
36	매륵買勒	3194	1630丁丑	704	58
37	마물麻勿	3252	1688乙亥	646	56
38	다물多勿	3308	1744辛未	590	45
39	두홀豆忽	3353	1789丙辰	545	36
40	달음達音	3489	1825壬辰	509	18
41	음차音次	3407	1843庚戌	491	20
42	을우지乙于支	3427	1863庚午	471	10
43	물리勿理	3437	1873庚辰	461	36
44	구물丘勿	3473	1909丙辰	425	29
45	여루余婁	3502	1938乙酉	396	55
46	보을普乙	3557	1993庚辰	341	46
47	고열가古列加	3603	2039丙寅	295	58

천지인

초판 1쇄 발행 1992년(단기 4325년) 1월 15일
개정판 1쇄 발행 2008년(단기 4341년) 11월 4일
개정판 7쇄 발행 2024년(단기 4357년) 3월 1일

지은이 · 편집부
펴낸이 · 심남숙
펴낸곳 · (주)한문화멀티미디어
등록 · 1990. 11. 28 제 21-209호
주소 · 서울시 광진구 능동로 43길 3-5 동인빌딩 3층 (04915)
전화 · 영업부 2016-3500 편집부 2016-3532 팩스 543-3541
http://www.hanmunhwa.com

만든사람들
책임편집 · 최연실 | 디자인 · 이정희
인쇄제본 · 천일문화사

ISBN 978-89-5699-296-9 03150